L3

혼공북스

혼공!

안녕하세요? 혼공쌤이에요.

혹시 영문법을 왜 공부하는지 아시나요? 아, 영문법은 생각만 해도 힘들다고요? 하하하. 맞아요. 쌤도 참 힘들게 공부하고 또 공부했어요. 영어 시험을 보면 혼나기도 하고 칭찬을 받기도 했답니다. 결국 영어를 좋아하게 되고, 원어민들과 편하게 쓰게 되니 한 가지 답을 얻었어요. 그것은 바로 바로 바로...

영문법을 잘 공부하면 조금 더 편하고 쉽게 영어로 말하고 쓸 수 있다는 것이에요. '엥? 영문법 공부하는 것 자체가 외울 것과 시험볼 것 투성이인데, 어떻게 그게 가능해요?'라고 묻는 친구들이 있을 거예요. 워워... 우리 친구들 말에 매우 동의해요. 왜냐하면 우리 친구들 마음속에 '영문법은 시험'이라는 공식을 뺄 수는 없으니까요.

그래서 혼공쌤이 제안을 하나 하려고 해요. 영어로 잘 말하고 쓸 수 있도록 영문법을 '활용'하는 방법을 알려줄게요. 동시에 시험 영어도 잘할 수 있도록 도와줄게요. 그러나 외우는 것은 최소화 시켜드릴게요. 오케이? 오케이! 여러분에게 최적화된 문법 개념을 쌤과 함께 익히고, 그 개념을 여러분의 것으로 만들다 보면 자동으로 문장이 술술 나오는 경험을 하게 될 거예요.

그리고 그 '경험' 위에 시험 영어도 잘할 수 있도록 약간의 '양념'을 슬쩍 발라드릴게요. 그러면 여러분은 영문법뿐 아니라 영어의 고수가 될 것이에요. 대신 하나만 약속해 주세요. 쌤이 최선을 다해 책과 강의로 도와드릴테니, 여러분은 꼭 스스로 한 문장이라도 말해 보거나 써 보면서 트레이닝을 마무리 해 보세요. 그것이 공부의 끝이라고 생각하면 얼마든지 잘할 수 있어요!

자, 이제 영문법 트레이닝을 신나게 해 볼까요? 올바른 방법으로 구체적인 목표를 세운 후 제대로 공부하면 안 될 것이 없어요. 여러분들은 무조건 잘 될 거예요. 그럼 이제부터 신나는 영어의 세계로 가즈아!

혼공쌤 허준석 드림

이 책의 구성과 특징

🖉 혼공 초등 영문법 트레이닝 커리큘럼

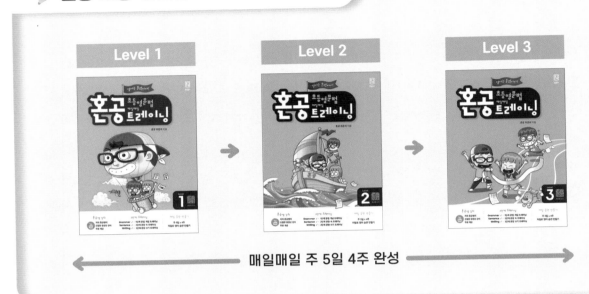

매일매일 주 5일 4주 완성

🖉 혼공 초등 영문법 시리즈, 이렇게 연계하여 공부하자!

개념편
8품사편 · 기초구문편 · 쓰기편
어순과 단어 · 다양한 문장

훈련편
Level 1 · Level 2 · Level 3
단어 24단 변화 · 문장 변화

✳ 혼공 초등 영문법 시리즈는 **개념편**과 **훈련편**으로 **구성**되어 있어요!

✳ 영문법을 효과적으로 공부하기 위해 **개념편 시리즈로 시작**하여 본책 **훈련편 시리즈로 공부를 완료**하세요!

혼공 초등 영문법 트레이닝
영문법 기초 개념을 다양한 문장 속에서 훈련하자!

① 초등 영문법이 저절로 익혀지는 3단계 영문법 트레이닝!

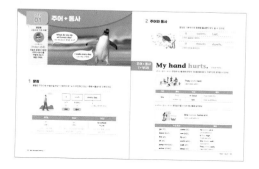

1단계 ▶ Grammar Check

문법 개념과 1대 1로 연결되는 예시와 문장들을 통해
기초 사항들을 익혀요.

● 단어 ➔ 구 ➔ 문장 순서로 주요 문법 개념을 익힐 수 있어요!

2단계 ▶ Sentence Check

문법 개념 및 형태를 확인하는 문제뿐만 아니라 문장 속
문법 오류들을 파악하고 바르게 수정하는 문제를 통해
문장 속에서 단어의 올바른 쓰임을 확인할 수 있어요.

● 짧은 문장이나 대화문, 도표 등을 보고 문장을 쓰다 보면
서술형 문제도 척척 해결할 수 있어요!

3단계 ▶ Writing Check

문장 고쳐 쓰기, 문장 완성, 문장 배열, 우리말에 알맞은
문장 완성 등의 유형을 통해 문장 쓰기의 기초를 다질 수
있어요.

● 단어 배열, 문장 완성을 거쳐 완벽한 문장을 쓸 수 있도록
구성했어요!

G·S·W 3단계 영문법 트레이닝

Grammar	➔	**Sentence**	➔	**Writing**
단어, 문장의 규칙 확인		문장에서 규칙 익히기		문장 쓰기로 마무리
단어의 특성과 단어가 문장을 이루기 위한 규칙을 배우는 코너		문장 속에서 단어의 특성과 규칙을 경험하고 익히며 쓰기까지 해 보는 코너		다양한 방식의 영작을 통해 문장 쓰기를 익히는 코너

(2) 일주일에 5일씩 4주 훈련으로 초등 영문법은 물론 영어 습관까지 저절로!

WEEK
START

DAY 1

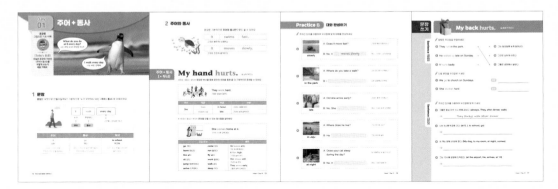

문법 개념 쪼개기
어렵고 복잡한 문법을 쪼개서 이해하기 쉽게 배워요.

DAY 2

개념의 시각화
도식화, 도표를 이용해 형태를 명확히 구별하고, 오류 확인 등을 통해 의미를 효과적으로 파악할 수 있어요.

**DAY 3
~ DAY 4**

Grammar Check → **S**entence Check → **W**riting Check
G·S·W 3단계 영문법 트레이닝으로 단어 → 구 → 문장을 체계적으로 배울 수 있어요.

Grammar Check → Sentence Check → Writing Check

G·S·W 3단계 영문법 트레이닝으로 단어 → 구 → 문장을 체계적으로 배울 수 있어요.

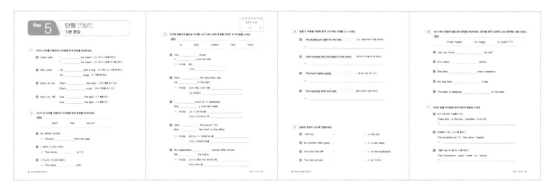

챕터 마무리 문제

4일 동안 배운 영문법 개념을 한번에 확인하는 문제들을 통해 배운 내용을 재점검할 수 있어요.
그러면서 자신의 강점과 약점을 파악하며 실력을 스스로 평가할 수 있어요.

중학 대비 TEST

다양한 서술형 문항을 풀어보며
중학 평가를 대비한 기본기를
튼튼히 다질 수 있어요.

TRAINING
COMPLETE

⁎ 내 실력을 점검하고 궁금한 부분을 해결하고 싶다면 정답과 해설을 꼭 참고하세요.

Level 3 차례

＊정답은 **140**쪽에 있습니다.

Chapter 1
기본 문장

Week 1

Day 01

오늘의 공부 주어 + 동사

제 평가는요?
☆☆☆☆☆

월 [ ] 일 [ ] 시간 [ ]

Day 02

오늘의 공부 주어 + 동사 + 목적어

제 평가는요?
☆☆☆☆☆

월 [ ] 일 [ ] 시간 [ ]

Day 03

오늘의 공부 주어 + 동사 + 보어

제 평가는요?
☆☆☆☆☆

월 [ ] 일 [ ] 시간 [ ]

Day 04

오늘의 공부 주요 동사

제 평가는요?
☆☆☆☆☆

월 [ ] 일 [ ] 시간 [ ]

Day 05

오늘의 공부 단원 TEST / 중학 대비 TEST

제 평가는요?
☆☆☆☆☆

월 [ ] 일 [ ] 시간 [ ]

1 문장

문장은 무엇으로 만들어질까요? 기본적으로 '누가 무엇하다'라는 **<주어 + 동사>**로 이루어져요.

주어	동사	부사
I 나는	go 가다	to school. 학교에.
'나는', '너는'처럼 문장의 주인공을 말해요.	'걷다', '가다'와 같은 동작들이 문장의 동사가 되어요.	시간, 장소 등을 나타내는 말이 와요.

2 주어와 동사

문장은 기본적으로 **주어**와 **동사**만으로도 쓸 수 있어요.

It	swims	fast.

그것은 빠르게 수영한다.

It	moves	slowly.

그것은 천천히 움직인다.

어 + 동사 + 부사)

My hand hurts. 내 손이 아프다.

<주어 + 동사 + 부사> 문장은 부사를 통해 문장의 의미를 통해 좀 더 구체적으로 표현할 수 있어요.

They **work** hard.
그들은 열심히 일한다.

주어	동사	부사	의미
She	lives	in Seoul.	그녀는 서울에 산다.
	wakes up	late.	그녀는 늦게 일어난다.

* <주어 + 동사 + 부사> 문장을 만들 수 있는 동사들을 알아봐요.

She **comes** home at 4.
그녀는 4시에 집에 온다.

주요 동사		예문
go 가다	**come** 오다	He leaves at 6. 그는 6시에 떠난다. It flies high. 그것은 높이 난다. She sleeps well. 그녀는 잘 잔다. They arrive early. 그들은 일찍 도착한다.
leave 떠나다	**run** 달리다	
live 살다	**fly** 날다	
sit 앉다	**work** 일하다	
jump 뛰어오르다	**walk** 걷다	
arrive 도착하다	**sleep** 자다	

☑ 우리말을 보고 빈칸에 들어갈 알맞은 동사를 고르세요.

1 He _____ in the park.
그는 공원에서 달린다.
☐ goes ☑ runs

2 I _____ hard.
나는 열심히 공부한다.
☐ work ☐ study

3 They _____ late.
그들은 늦게 떠난다.
☐ leave ☐ walk

4 She _____ in Busan.
그녀는 부산에 산다.
☐ goes ☐ lives

5 We _____ well.
우리는 잘 잔다.
☐ sleep ☐ arrive

☑ 밑줄 친 부분에 알맞은 우리말을 고르세요.

1 I <u>wake up early</u>.
☐ 일찍 잔다 ☐ 일찍 일어난다

2 He <u>works late</u>.
☐ 늦게 일한다 ☐ 늦게 떠난다

3 She <u>jumps high</u>.
☐ 높이 달린다 ☐ 높이 뛴다

4 They <u>arrive at night</u>.
☐ 밤에 간다 ☐ 밤에 도착한다

5 It <u>moves slowly</u>.
☐ 느리게 수영한다 ☐ 느리게 움직인다

Practice B 대화 완성하기

🖊 주어진 단어를 이용하여 우리말에 맞게 대화를 완성하세요.

1

slowly

A: Does it move fast?

그것은 빠르게 움직이니?

B: No. It _moves slowly_ .

아니. 그것은 느리게 움직여.

2

in the park

A: Where do you take a walk?

너는 어디에서 산책하니?

B: I _____ .

나는 공원에서 산책해.

3

late

A: Did she arrive early?

그녀는 일찍 도착했니?

B: No. She _____ .

아니. 그녀는 늦게 도착했어.

4

in Jeju

A: Where does he live?

그는 어디에 사니?

B: He _____ .

그는 제주에 살아.

5

at night

A: Does your cat sleep during the day?

네 고양이는 낮 동안 자니?

B: No. It _____ .

아니. 그것은 밤에 자.

Sentences 문장 배열해 쓰기

✏️ 주어진 말을 우리말에 맞게 바르게 배열해 쓰세요.

1 그녀는 수영장에서 수영한다.
in the pool, She swims
→ She swims in the pool.

2 그들은 학교에 걸어간다.
to school, walk, They
→

3 그는 서울로 떠난다.
He, for Seoul, leaves
→

4 나는 학교에 일찍 간다.
to school, I, go, early
→

5 우리는 늦게 도착했다.
We, late, arrived
→

6 하루 종일 비가 왔다.
rained, It, all day long
→

My back hurts. 내 허리가 아프다.

✏️ 알맞은 우리말을 연결하세요.

1 They run in the park. •

2 He wakes up late on Sunday. •

3 It hurts badly. •

a 그는 일요일에 늦게 일어난다.

b 그것은 심하게 아프다.

c 그들은 공원에서 달린다.

✏️ 다음 문장을 우리말로 쓰세요.

1 We go to church on Sundays. 의미 _____

2 She studies hard. 의미 _____

✏️ 주어진 단어를 이용하여 우리말에 맞게 쓰세요.

1 그들은 항상 저녁 식사 후에 걷는다. (always, They, after dinner, walk)

➡️ _____They always walk after dinner._____

2 나는 8시에 학교에 간다. (at 8, I, to school, go)

➡️ _____

3 내 개는 밤에 내 방에 온다. (My dog, to my room, at night, comes)

➡️ _____

4 그는 10시에 공항에 도착한다. (at the airport, He, arrives, at 10)

➡️ _____

주어 + 동사 + 목적어

[Today's 혼공]
오늘은 지난번에
배운 것에 이어서
문장의 두 번째
기본기를
알아볼 거예요.

> Yes. I walk my dog
> every day.
> 응. 나는 내 개를 매일
> 산책시켜.

> Do you walk your dog?
> 너는 너의 개를 산책시키니?

1 문장 비교

두 번째 형태의 문장은 주어, 동사 다음에 목적어를 써서 '누가 ~을 어떻게 하다'라는 <**주어 + 동사 + 목적어**>
예요.

| 목적어 X | They | play | | outside. | 그들은 밖에서 논다. |
| 목적어 O | They | play | soccer | well. | 그들은 축구를 잘한다. |

누가   무엇하다   ~을 / 를

주어   **동사**   **목적어**

주어	동사	목적어
I 나는	**walk** 산책시킨다	**my dog.** 내 개를.
'나는', '너는'처럼 문장의 주인공을 말해요.	'~을 산책시키다'처럼 뒤에 '을, 를'이 나오도록 하는 의미에 주의해요.	누군가(대상)를 말할 때 목적어라고 해요.

2 동사 + 목적어

목적어가 있을 때와 없을 때, 동사와 문장의 의미에 유의하세요.

| I | leave | at 6. |

나는 6시에 **떠난다**.

| I | leave | Seoul. |

나는 서울을 **떠난다**.

He starts the class at 9.

그는 수업을 9시에 시작한다.

동사 다음에 오는 **목적어**에 주의해서 문장을 확인하세요.

They open the store.
그들은 가게를 연다.

주어	동사	목적어	부사	의미
She	moves	X	quickly.	그녀는 재빠르게 움직인다.
	moves	the desk	quickly.	그녀는 재빠르게 책상을 옮긴다.

* 목적어를 필요로 하는 **주요 동사**들을 알아봐요.

목적어 O	목적어 X	예문
play 하다 **start** 시작하다 **change** 바꾸다 **finish** 끝내다 **walk** 산책시키다 **move** 옮기다	**play** 놀다 **start** 시작되다 **change** 변화하다 **finish** 끝나다 **walk** 걷다 **move** 움직이다	He plays baseball. 그는 야구를 한다. He plays with his dog. 그는 그의 개와 논다. I start the game at 5. 나는 5시에 게임을 시작한다. The game starts at 5. 그 게임은 5시에 시작된다.

☑ 우리말을 보고 빈칸에 들어갈 알맞은 말을 고르세요.

1
He _____ Jeju. (제주로 떠난다)
He _____ Jeju. (제주를 떠난다)

☐ leaves   ☑ leaves for
☐ leaves   ☐ leaves for

2
It _____ last night. (끝났다)
I _____ last night. (일을 끝냈다)

☐ finished   ☐ finished the work
☐ finished   ☐ finished the work

3
I _____ Mia. (미아와 논다)
I _____ soccer. (축구를 한다)

☐ play   ☐ play with
☐ play   ☐ play with

4
She _____ the class. (수업을 시작한다)
It _____ . (10시에 시작된다)

☐ starts   ☐ starts at
☐ starts 10   ☐ starts at 10

☑ 밑줄 친 부분에 알맞은 우리말을 고르세요.

1 I walk my dog every day.
☐ 개가 산책한다   ☐ 개를 산책시킨다

2 He moves to the door.
☐ 문을 옮긴다   ☐ 문 쪽으로 이동한다

3 She studies English.
☐ 영어를 공부한다   ☐ 열심히 공부한다

4 They leave the city.
☐ 도시로 떠난다   ☐ 도시를 떠난다

5 The game starts early.
☐ 일찍 시작된다   ☐ 게임을 시작한다

Practice B 대화 완성하기

주어진 단어를 이용하여 우리말에 맞게 대화를 완성하세요.

1

soccer

A: What do you do after school?

너는 방과 후에 무엇을 하니?

B: I _____ Play soccer _____ .

나는 축구를 해.

2

math

A: What does he study?

그는 무엇을 공부하니?

B: He _____ .

그는 수학을 공부해.

3

the table

A: What did she move to the room?

그녀는 방에 무엇을 옮겼니?

B: She _____ .

그녀는 탁자를 옮겼어.

4

the room

A: Did he leave home?

그는 집을 떠났니?

B: No. He just _____ .

아니. 그는 그냥 방을 나갔을 뿐이야.

5

his dog

A: What does he do every evening?

그는 매일 저녁에 무엇을 하니?

B: He _____ .

그는 그의 개를 산책시켜.

🖊 밑줄 친 부분을 어법에 맞게 고친 뒤 문장을 다시 쓰세요.

1

A: Did you <u>play with tennis</u>?
B: Yes, I did.

문장 쓰기 ➡ *Did you play tennis?*

2

A: When does he <u>leave at home</u>?
B: He leaves home at 8.

문장 쓰기 ➡

3

A: Where did she walk?
B: She <u>walked the park</u>.

문장 쓰기 ➡

4

A: Did they <u>move the door</u>?
B: No. They moved to the window.

문장 쓰기 ➡

5

A: Mia <u>finished at the work</u> last night.
B: Wow. She is a genius.

문장 쓰기 ➡

I move boxes. 나는 상자들을 옮긴다.

✏️ 알맞은 우리말을 연결하세요.

1 We study science. •   • **a** 그것은 천천히 움직인다.

2 She left the city. •   • **b** 그녀는 도시를 떠났다.

3 It moves slowly. •   • **c** 우리는 과학을 공부한다.

✏️ 다음 문장을 우리말로 쓰세요.

1 We start the game at 7.   의미 _____

2 He finished his work yesterday.   의미 _____

✏️ 주어진 단어를 이용하여 우리말에 맞게 쓰세요.

1 그들은 그들의 개들을 산책시킨다. (walk, They, their dogs)

➡️ _____They walk their dogs._____

2 나는 일요일마다 컴퓨터 게임을 한다. (play, I, computer games, every Sunday)

➡️ _____

3 그녀는 방과 후에 야구를 했다. (She, baseball, after school, played)

➡️ _____

4 그는 의자들을 옮겼다. (the chairs, He, moved)

➡️ _____

주어 + 동사 + 보어

혼공쌤
그림으로 기초 이해

[Today's 혼공]
오늘은 세 번째
형태의 문장을
배워 볼 거예요.
자주 사용하는 문장
형태라 더 쉽게 문장을
만들 수 있을 거예요.

1 문장 비교

세 번째 형태의 문장은 be동사, 감각동사 다음에 쓰이는 보어가 와서 **<주어 + 동사 + 보어>**로 구성돼요.

주어	동사	보어
I 나는	feel 느낀다	sad. 슬프게.
'나는', '너는'처럼 문장의 주인공을 말해요.	be동사가 오거나 look, feel처럼 감각을 나타내는 말이 와요.	명사 또는 형용사가 와서 주어를 설명해 줘요.

2 동사 + 보어

주어를 더 구체적으로 설명하는 **보어**가 있는 문장을 살펴 보아요.

He	is	young.

그는 어리다.

He	looks	young.

그는 어려 보인다.

동사 + 보어

It smells delicious.

그것은 맛있는 냄새가 난다.

<주어 + 동사 + 보어> 문장은 주어를 좀 더 구체적으로 설명해 주는 보어가 온다는 특징이 있어요.

주어	동사	보어	의미
She	is	tired.	그녀는 피곤하다.
	feels		그녀는 피곤함을 느낀다.

The box **is heavy**. → **is + 형용사 보어**

그 상자는 무겁다.

It **is a heavy box**. → **is + 명사 보어**

그것은 무거운 상자이다.

* 보어를 필요로 하는 동사와 그 동사와 어울리는 보어의 종류를 알아봐요.

주요 동사	예문
be + 명사 / 형용사 ~이다, (하)다 **look + 형용사** 보이다 **look + like + 명사** ~처럼 보이다 **feel + 형용사** 느끼다 / **feel like + 명사** ~처럼 느끼다 **taste + 형용사** 맛이 나다 **sound + 형용사** 들리다 / **sound like + 명사** ~처럼 들리다	He is a doctor. 그는 의사이다. He is kind. 그는 친절하다. She feels good. 그녀는 기분이 좋다. She looks happy. 그녀는 행복해 보인다.

☑ 우리말을 보고 빈칸에 들어갈 알맞은 동사를 고르세요.

1 He _____ young.
그는 어려 보인다.
☑ looks   ☐ sounds

2 It _____ delicious.
그것은 맛있는 냄새가 난다.
☐ smells   ☐ tastes

3 They _____ sweet.
그것들은 단맛이 난다.
☐ leave   ☐ taste

4 She _____ sad.
그녀는 슬프게 느낀다.
☐ goes   ☐ feels

5 It _____ good.
그것은 좋게 들린다.
☐ sounds   ☐ is

☑ 빈칸에 들어갈 알맞은 말을 고르세요.

1 The pie tastes _____.
☐ good   ☐ well

2 She looks _____.
☐ beautiful   ☐ beautifully

3 The flower smells _____.
☐ strange   ☐ strangely

4 They feel _____.
☐ soft   ☐ softly

5 It sounds _____.
☐ silly   ☐ slowly

Practice B 문장 완성하기

주어진 단어를 이용하여 우리말에 맞게 문장을 완성하세요.

1
sweet

| They | look sweet | . | 그것들은 달콤해 보인다. |
| They | | . | 그것들은 단맛이 난다. |

2
fresh

| The food | | . | 그 음식은 신선한 냄새가 난다. |
| The food | | . | 그 음식은 신선한 맛이 난다. |

3
good

| She | | . | 그녀는 좋게 느낀다. |
| She | | . | 그녀는 좋은 냄새가 난다. |

4
heavy

| It | | . | 그것은 무거워 보인다. |
| It | | . | 그것은 무겁게 느껴진다. |

5
sour

| It | | . | 그것은 신맛이 난다. |
| It | | . | 그것은 신 냄새가 난다. |

✏️ 밑줄 친 부분을 어법에 맞게 고친 뒤 문장을 다시 쓰세요.

【보기】

He **looks a genius**. ➡️ He looks *like a genius*.

┄┄> look like 뒤에 명사를 써요.

---

1 They feel <u>safely</u>. ➡️

그들은 안전하다고 느낀다.

---

2 It <u>sounds a bird</u>. ➡️

그것은 새처럼 들린다.

---

3 This sauce tastes <u>strangely</u>. ➡️

이 소스는 이상한 맛이 난다.

---

4 You smell <u>love</u>. ➡️

너는 사랑스러운 냄새가 난다.

---

5 They <u>smell</u> comfortable. ➡️

그들은 편해 보인다.

---

6 The music <u>feels</u> loud. ➡️

그 음악은 시끄럽게 들린다.

They smell good.

그것들은 좋은 냄새가 난다.

 알맞은 우리말을 연결하세요.

1 They look heavy. •   • a 그 사과는 신선한 맛이 난다.

2 She feels sad. •   • b 그녀는 슬프게 느낀다.

3 The apple tastes fresh. •   • c 그것들은 무거워 보인다.

✏️ 다음 문장을 우리말로 쓰세요.

1 The voice sounds warm.   의미 _____

2 He looks young.   의미 _____

✏️ 주어진 단어를 이용하여 우리말에 맞게 쓰세요.

1 그것들은 무거운 상자들처럼 보인다. (look, They, heavy boxes, like)

→ *They look like heavy boxes.*

2 그것은 좋은 생각처럼 들린다. (like, It, a good idea, sounds)

→ _____

3 그 비누는 좋은 냄새가 난다. (The soap, good, smells)

→ _____

4 그는 바보처럼 느낀다. (a fool, feels, He, like)

→ _____

혼공쌤
그림으로 기초 이해

[Today's 혼공]
오늘은
동사를 중심으로 한
문장의 의미를
알아볼 거예요.

1 주요 동사 1

목적어에 따라 의미가 달라지는 동사를 알아봐요.

| He | has | lunch. |

그는 점심을 **먹는다**.

| He | has | a computer. |

그는 컴퓨터가 **있다**.

주요 동사 1

He has a headache.

그는 머리가 아프다.

목적어에 따라 의미가 달라지는 동사는 다음과 같아요.

동사 + 목적어	예문
have + 물건 / 동물 가지고 있다	She **has a dog**. 그녀는 개가 있다.
have + 식사 먹다	I **have lunch** at 12. 나는 12시에 점심을 먹는다.
have + 질병 걸리다	He **has a cold**. 그는 감기에 걸렸다.
take + 물건 가져가다	I **took her pen**. 내가 그녀의 펜을 가져갔다.
take + 타는 것 타다	She **takes the school bus**. 그녀는 스쿨버스를 탄다.
make + 물건 만들다	They **make great movies**. 그들은 훌륭한 영화를 만든다.
make + 동작, 행위(mess / mistake / start) ~하다	I **made a short speech**. 나는 짧은 연설을 했다.
play + 운동 (운동을) 하다	I **play tennis** after school. 나는 방과 후에 테니스를 한다.
play + the 악기 연주하다	I **play the cello**. 나는 첼로를 연주한다.

2 주요 동사 2

동사의 **목적어의 형태**가 다른 경우가 있어요.

I	like	milk.

나는 우유를 **좋아한다**.

I	like	to drink milk.

나는 우유 **마시기를 좋아한다**.

목적어 ①

I like swimming.

나는 수영하는 것을 좋아한다.

동사에 따라 목적어가 달라지는 경우를 알아봐요.

동사 + 목적어	예문
want + 명사 원하다	I want ice cream. 나는 아이스크림을 원한다.
want + to 동사 ~하기를 원하다	I want to buy ice cream. 나는 아이스크림을 사길 원한다.
like + 명사 좋아하다	He likes dogs. 그는 개를 좋아한다.
like + to 동사 ~하기를 좋아하다	She likes to go shopping. 그녀는 쇼핑 가기를 좋아한다.
like + 동사ing ~하는 것을 좋아하다	She likes playing soccer. 그녀는 축구하는 것을 좋아한다.

* 동사 다음에 오는 말에 따라 동사의 의미가 달라지는 것을 주의하세요.

look at ~을 쳐다보다	**turn on** (불을) 켜다	**put on** (옷 등을) 입다
look for ~을 찾다	**turn off** (불을) 끄다	**take off** (옷 등을) 벗다

She's looking at the moon. 그녀는 달을 보고 있다.
She's looking for a job. 그녀는 직장을 구하고 있다.

☑ 밑줄 친 동사의 알맞은 의미를 고르세요.

❶	He <u>has</u> dinner at 6.	☐ 가지다	☑ 먹다
❷	He <u>has</u> a cold.	☐ (병에) 걸리다	☐ 먹다
❸	He <u>made</u> a big mistake.	☐ 만들다	☐ 하다
❹	He <u>takes</u> a bus every morning.	☐ 타다	☐ (시간이) 걸리다
❺	He <u>plays</u> the violin.	☐ 하다	☐ 연주하다

☑ 우리말을 보고 빈칸에 들어갈 알맞은 말을 고르세요.

❶	He _____ some chocolate. 그는 초콜릿을 좀 원한다.	☐ likes	☐ wants
❷	She _____ to sing. 그녀는 노래하기를 좋아한다.	☐ likes	☐ wants
❸	I _____ to be a doctor. 나는 의사가 되길 원한다.	☐ look	☐ want
❹	They _____ the tree. 그들은 그 나무를 보았다.	☐ looked at	☐ looked for
❺	We _____ the light. 우리는 불을 껐다.	☐ turned on	☐ turned off

✏️ 주어진 단어를 이용하여 우리말에 맞게 문장을 완성하세요.

1

have   I ___ make ___ a chocolate cake.   나는 초콜릿 케이크를 만든다.

make   He ___ a stomachache.   그는 배가 아프다.

2

have   They usually ___ fruit.   그들은 보통 과일을 먹는다.

make   They don't ___ noise.   그것들은 소음을 만들지 않는다.

3

like   She ___ playing tennis.   그녀는 테니스 치는 것을 좋아한다.

want   She ___ to meet Mia.   그녀는 미아를 만나기를 원한다.

4

look at   We were ___ you.   우리는 당신을 찾고 있었다.

look for   He was ___ her eyes.   그는 그녀의 눈을 보고 있었다.

5

put on   He ___ his shoes.   그는 그의 신발을 신었다.

take off   She ___ her hat.   그녀는 그녀의 모자를 벗었다.

✏️ 밑줄 친 부분을 우리말에 맞게 바꾼 뒤 문장을 다시 쓰세요.

1 I <u>want to</u> a new bag. → I want a new bag.

나는 새 가방을 원한다.

2 He <u>makes</u> breakfast at 8. →

그는 8시에 아침을 먹는다.

3 She is <u>looking at</u> her umbrella. →

그녀는 그녀의 우산을 찾고 있다.

4 We'll <u>have</u> the 11:20 flight. →

우리는 11시 20분 비행기를 탈 것이다.

5 They <u>want</u> play soccer after school. →

그들은 방과 후에 축구를 하길 원한다.

6 She <u>took off</u> her coat. →

그녀는 그녀의 코트를 입었다.

I like baseball. 나는 야구를 좋아한다.
I like to play baseball. 나는 야구를 하길 좋아한다.

✏️ 알맞은 우리말을 연결하세요.

1. They have a headache. •   • ⓐ 그는 파스타를 먹길 원한다.

2. He wants to eat pasta. •   • ⓑ 그들은 머리가 아프다.

3. I take the train every Monday. •   • ⓒ 나는 월요일마다 기차를 탄다.

✏️ 다음 문장을 우리말로 쓰세요.

1. She puts on her shoes.   의미 _____

2. He turned on the light.   의미 _____

✏️ 주어진 말을 이용하여 우리말에 맞게 쓰세요.

1. 그것은 물을 찾고 있었다. (was, It, water, looking for)

   → _____It was looking for water._____

2. 그는 과일을 사길 원했다. (to buy, He, wanted, fruit)

   → _____

3. 너는 네 신발을 벗어야 한다. (should, take off, You, your shoes)

   → _____

4. 그녀는 내 우산을 가져갔다. (took, She, my umbrella)

   → _____

01 주어진 단어를 이용하여 우리말에 맞게 문장을 완성하세요.

1 (want, eat)　　I ＿＿＿＿＿＿＿ ice cream. 나는 아이스크림을 원한다.

　　　　　　　　　I ＿＿＿＿＿＿＿ ice cream. 나는 아이스크림을 먹기를 원한다.

2 (like, play)　　He ＿＿＿＿＿＿＿ with a dog. 그는 개와 노는 것을 좋아한다.

　　　　　　　　　He ＿＿＿＿＿＿＿ dogs. 그는 개를 좋아한다.

3 (look, at, for)　She's ＿＿＿＿＿＿＿ the stars. 그녀는 별을 보고 있다.

　　　　　　　　　She's ＿＿＿＿＿＿＿ a job. 그녀는 직업을 찾고 있다.

4 (turn, on, off)　Sue ＿＿＿＿＿＿＿ the light. 수가 불을 껐다.

　　　　　　　　　Sue ＿＿＿＿＿＿＿ the light. 수가 불을 켰다.

02 <보기>의 단어를 이용하여 우리말에 맞게 문장을 완성하세요.

보기

start　　　　rise　　　　sound

1 해는 동쪽에서 떠오른다.

➡ The sun ＿＿＿＿＿＿＿ from the east.

2 그 영화는 10시에 시작된다.

➡ The movie ＿＿＿＿＿＿＿ at 10.

3 그 목소리는 부드럽게 들린다.

➡ The voice ＿＿＿＿＿＿＿ soft.

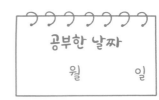
03 빈칸에 공통으로 들어갈 단어를 <보기>에서 찾아 문장을 완성한 뒤 우리말을 쓰세요.

<보기>

| is | play | walks | had | took |

1 Tom _____ smart.

It _____ a soccer ball.

➡ (우리말)   톰은 _____.

그것은 _____.

2 Sora _____ her dog every day.

He _____ in the park.

➡ (우리말)   소라는 매일 그녀의 개를 _____.

그는 공원에서 _____.

3 I _____ lunch at 12 yesterday.

She _____ a cold last week.

➡ (우리말)   나는 12시에 점심을 _____.

그녀는 지난주에 감기에 _____.

4 Jake _____ the bus at 7:20.

She _____ her lunch to the office.

➡ (우리말)   제이크는 7시 20분에 버스를 _____.

그녀는 사무실에 점심을 _____.

5 My classmates _____ soccer after school.

We _____ the piano.

➡ (우리말)   내 반 친구들은 방과 후에 축구를 _____.

우리는 피아노를 _____.

04 밑줄 친 부분을 어법에 맞게 고쳐 문장 전체를 다시 쓰세요.

1 He studies <u>at math</u> for the test.　　그는 시험을 위해 수학을 공부한다.

➡ _____

2 Jake <u>moved with the table</u> to the room.　　제이크는 탁자를 방으로 옮겼다.

➡ _____

3 The food tastes <u>badly</u>.　　그 음식은 상한 맛이 난다.

➡ _____

4 Tom <u>sounds</u> tired and sad.　　톰은 피곤하고 슬퍼 보인다.

➡ _____

05 알맞은 문장이 되도록 연결하세요.

1 I will buy　　　　　　•　　　　　　• a. the city.

2 My brother often goes　•　　　　　• b. a new desk.

3 Tom and Sue left　　•　　　　　　• c. to the bookstore.

4 The train arrived　　•　　　　　　• d. at 12:30.

06 <보기>에서 알맞은 말을 찾아 문장을 완성하세요. (빈칸을 채우지 않아도 되는 경우에는 X를 쓰세요.)

보기

| three meals | my bags | to watch TV |

1 Can you move _____ for me?

2 Ann walks _____ slowly.

3 She likes _____ every weekend.

4 My dog eats _____ a day.

5 The baby is sleeping _____ on the bed.

07 주어진 말을 우리말에 맞게 바르게 배열해 쓰세요.

1 상자 안에 많은 사탕들이 있다.

There (are / in the box / candies / a lot of).

➡ _____

2 학생들은 TV로 그 뉴스를 들었다.

The students (on TV / the news / heard).

➡ _____

3 그들은 내일 제니를 만나기를 원한다.

They (tomorrow / want / meet / to / Jenny).

➡ _____

[1~3] 주어진 말을 이용하여 우리말에 맞게 문장을 완성하세요.

1. (good / happy)   The food _____ . So Tom _____ .

그 음식은 좋은 냄새가 났다. 그래서 톰은 행복했다.

2. (early / late)   He _____ . But he _____ for school.

그는 일찍 일어났다. 하지만 그는 학교에 늦었다.

3. (the room / at 6)   She _____ . Did she _____ ?

그녀는 방을 떠났다(나갔다). 그녀는 6시에 떠났나요?

[4~7] 다음 지문을 읽고, 어법상 어색한 부분을 찾아 바르게 고친 뒤 문장을 다시 쓰세요.

4 I go school early. So 5 I don't have a heavily breakfast. I usually have cereal with milk. On weekends, 6 my dad cooks with an English breakfast. It has eggs, bacon, sausages, and tomatoes. 7 They taste greatly.

4. I go school early.   → _____

5. I don't have a heavily breakfast.   → _____

6. my dad cooks with an English breakfast   → _____

7. They taste greatly.   → _____

[8~9] 다음 대화를 읽고 질문에 답하세요.

> **A** Do you have a dog?
>
> **B** Yes, I do. His name is Mike. He is brown.
>
> Do you want to see his photos?
>
> **A** Yes. Wow, he _____8_____ cute.
>
> **B** He is very smart. He barks at strangers.
>
> And _____9 그는 공으로 노는 것을 좋아해_____.

8. 위 대화에 맞게 알맞은 말을 골라 쓰세요.

Wow, he _____ cute.
(look / sound)

9. 우리말에 맞게 주어진 말을 배열하여 쓰세요.

(with a ball / to play / he / likes)

→ _____

[10~11] 주어진 조건에 맞도록 <보기>의 말을 이용하여 문장을 완성하세요.

【조건】	【보기】	
· 동사 love, like를 쓸 것	my family	a box
· 보기의 단어를 이용하여 쓸 것	eat food	go shopping
· 두 번째 빈칸은 like -ing 형태로 쓸 것		

10. 나는 우리 가족을 사랑한다. 나는 우리 엄마와 쇼핑 가는 것을 좋아한다.

→ I _____. I _____ with my mom.

11. 내 고양이는 상자를 사랑한다. 그것은 상자 안에서 밥을 먹는 것을 좋아한다.

→ My cat _____. It _____ in the box.

Chapter **2**
문장 구성 &
문장 확장

Week 2

Day 01

오늘의 공부 | 문장 구성 - 주어, 목적어 형태

제 평가는요?
☆☆☆☆☆

월 [ ] 일 [ ]

시간 [ ]

Day 02

오늘의 공부 | 대명사 it, they

제 평가는요?
☆☆☆☆☆

월 [ ] 일 [ ]

시간 [ ]

Day 03

오늘의 공부 | 문장 확장

제 평가는요?
☆☆☆☆☆

월 [ ] 일 [ ]

시간 [ ]

Day 04

오늘의 공부 | 명령문 / 의문사 의문문

제 평가는요?
☆☆☆☆☆

월 [ ] 일 [ ]

시간 [ ]

Day 05

오늘의 공부 | 단원 TEST / 중학 대비 TEST

제 평가는요?
☆☆☆☆☆

월 [ ] 일 [ ]

시간 [ ]

문장 구성 - 주어, 목적어 형태

혼공쌤
그림으로 기초 이해

[Today's 혼공]
오늘은 주어와
목적어를 문장에서
어떤 형태로
쓸 수 있는지
알아볼 거예요.

Does Mia know Peter?
미아는 피터를 아니?

Yes, she knows him.
그럼, 그녀는 그를 알지.

1 주어

문장에서 머리 역할을 하는 것을 **주어**라 하고, **'은, 는, 이, 가'를 사용하여 해석**해요. 주격 대명사를 사용해서 주어를 표현할 수 있어요. 주격 대명사와 소유격 대명사의 종류도 함께 알아봐요.

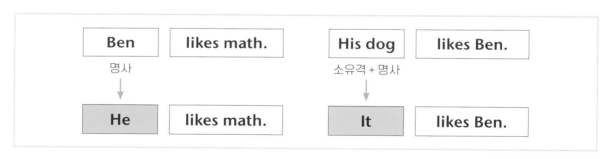

Ben	likes math.		His dog	likes Ben.
명사 ↓			소유격 + 명사 ↓	
He	likes math.		**It**	likes Ben.

하나(단수)		둘 이상(복수)	
주어(주격 대명사)	소유격 대명사	주어(주격 대명사)	소유격 대명사
I 나는	my 나의	We 우리는	our 우리의
You 너는	your 너의	You 너희들은	your 너희들의
She 그녀는	her 그녀의	They 그들은 / 그것들은	their 그들의 / 그것들의
He 그는	his 그의		
It 그것은	its 그것의		

2 목적어

명사를 대신하는 대명사는 목적어 역할일 때도 변화해요.

Kate	loves	cats.

↓

She	loves	them.

그녀는 **그것들을** 사랑한다.

목적어

They help her. 그들은 그녀를 돕는다.

명사를 대신하는 **대명사가 목적어 역할**일 때 목적격 대명사를 사용해 표현할 수 있어요.

하나(단수)		둘 이상(복수)	
주어	목적어(목적격 대명사)	주어	목적어(목적격 대명사)
I 나는	me 나를	We 우리는	us 우리를
You 너는	you 너를	You 너희들은	you 너희들을
She 그녀는	her 그녀를	They 그들은 그것들은	them 그들을 그것들을
He 그는	him 그를		
It 그것은	it 그것을		

* 명사의 성별, 수에 따라 **인칭대명사**의 **주어**와 **목적어**를 정리해 보아요.

예					주어	목적어
Mike	brother	dad	(남자)	→	He	him
Mina	sister	mom	(여자)	→	She	her
dog	pencil	chair	(동물, 물건)	→	It	it
Mike and Mina dogs	students pencils	chairs	(여러 사람) (여러 동물 / 사물)	→	They	them
you and I	Paul and I		(나(I)와 다른 사람)	→	We	us
you and Min	you and Jim		(너(you)와 다른 사람)	→	You	you

<u>Mia</u> bought <u>**eggs**</u>.　　→ She bought them.

<u>**Mia and I**</u> have <u>**two dogs**</u>.　→ We have them.

☑ 다음 명사를 대신하는 알맞은 대명사를 고르세요.

① Tom ☑ he ☐ she

② a girl ☐ she ☐ they

③ my sister ☐ she ☐ it

④ Mr. Park ☐ he ☐ she

⑤ Mr. Lee and I ☐ we ☐ they

⑥ you and Mary ☐ we ☐ you

⑦ bags ☐ it ☐ them

⑧ Paul and Mina ☐ him ☐ them

⑨ my brother ☐ her ☐ him

⑩ You and I ☐ us ☐ me

☑ 괄호 안 우리말에 주의하여 빈칸에 들어갈 알맞은 말을 고르세요.

① _____ name is June. (나의) ☐ I ☐ My

② They are _____ shoes. (그의) ☐ he ☐ his

③ _____ friend lives in Paris. (우리의) ☐ We ☐ Our

④ _____ sister loves him. (그녀의) ☐ She ☐ Her

⑤ Tom and Jane are in _____ room. (그들의) ☐ they ☐ their

✏️ 주어진 단어를 이용하여 우리말에 맞게 문장을 완성하세요.

1

we / our

They are _our_ dogs. 그것들은 우리의 개들이다.

_____ love them. 우리는 그것들을 사랑한다.

2

his / him

Jina is _____ friend. 지나는 그의 친구이다.

She saw _____ on TV. 그녀는 TV에서 그를 보았다.

3

they / their

_____ pigs are very cute. 그들의 돼지들은 매우 귀엽다.

_____ eat flowers. 그것들은 꽃을 먹는다.

4

she / her

_____ wrote a book. 그녀는 책을 썼다.

We're reading _____ book. 우리는 그녀의 책을 읽고 있다.

5

my / me

Mr. Kim is _____ teacher. 김 선생님은 내 선생님이다.

He invited _____ to the party. 그는 나를 파티에 초대했다.

Sentences 문장 고쳐 쓰기

밑줄 친 부분을 어법에 맞게 고친 뒤 문장을 다시 쓰세요.

1 His is on the same team. → He is on the same team.

그는 같은 팀에 있다.

2 They gave them toys to her. →

그들은 그들의 장난감들을 그녀에게 주었다.

3 My friend went with his. →

내 친구는 그와 함께 갔다.

4 This is an apple. She is sweet. →

이것은 사과이다. 그것은 달다.

5 He and I are students. They are very smart. →

그와 나는 학생이다. 우리는 매우 똑똑하다.

6 My mother is in the kitchen. He is busy. →

내 어머니는 부엌에 있다. 그녀는 바쁘다.

They help her.

그들은 그녀를 돕는다.

✏️ 알맞은 우리말을 연결하세요.

1 They **are** their **shoes.** •

2 He **borrows** her **book.** •

3 It **loves** its **babies.** •

• **a** 그는 그녀의 책을 빌린다.

• **b** 그것은 그것의 새끼들을 사랑한다.

• **c** 그것들은 그들의 신발이다.

✏️ 다음 문장을 우리말로 쓰세요.

1 Our **family lives in London.** 의미 _____

2 She **reads** them. 의미 _____

✏️ 주어진 단어를 이용하여 우리말에 맞게 쓰세요.

1 그들은 저녁 식사 후에 그것들을 산책시킨다. **(them, They, after dinner, walk)**

➡️ <u> They walk them after dinner. </u>

2 나는 8시에 내 숙제를 한다. **(at 8, I, my, do, homework)**

➡️ _____

3 그녀의 남동생은 나를 초대했다. **(brother, Her, me, invited)**

➡️ _____

4 그의 개는 그것을 먹는다. **(dog, eats, His, it)**

➡️ _____

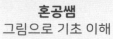
대명사 it, they

혼공쌤
그림으로 기초 이해

[Today's 혼공]
대명사 중에
자주 대비되는
it과 they를 어떻게
사용하는지 함께
알아봐요.

1 대명사 it, they

사물이나 동물을 대신하는 it, they에 대해 알아봐요.

The cat	loves	carrots.

⬇

It	loves	carrots.

그것은 당근을 사랑한다.

대명사 it과 they

I saw a rabbit.
It was cute. 나는 토끼를 봤다. 그것은 귀여웠다.

대명사는 앞의 명사를 다시 말할 때 사용되며, 사물, 동물 등의 수에 따라 it, they로 써요.

인칭대명사 It / They	it, they는 사물, 동물 등 앞에서 언급된 것을 대신할 때 써요. Look at the dog! **It** is really small. 저 개를 봐! 그것은 정말 작다. Scott and Mike are my dogs. **They** are really smart. 스콧과 마이크는 내 개들이다. 그것들은 정말 똑똑하다.

사물, 동물 하나 → it	사물, 동물 둘 이상 → they
I have a bag. **It** is big. 나는 가방이 있다. 그것은 크다.	I have bags. **They** are big. 나는 가방들이 있다. 그것들은 크다.
I eat a burger. **It** is delicious. 나는 버거를 먹는다. 그것은 맛있다.	I eat burgers. **They** are delicious. 나는 버거들을 먹는다. 그것들은 맛있다.

* 질문에 답할 때는 주어에 맞게 it, they로 답해요.

it으로 답	Is the cat sick? 그 고양이는 아프니?	Yes, it is. 그래, 맞아.
they로 답	Are elephants smart? 코끼리들은 똑똑하니?	Yes, they are. 그래, 맞아.

2 비인칭 주어 it

it은 '그것은'이라는 대명사와, **대신하는 대상 없이 쓰는 비인칭 주어 it**으로 나눠져요.

It	is	hungry.

그것은 배고프다.

It	is	cloudy.

(**날씨가**) 흐리다.

인칭 주어 it

It is Tuesday. 화요일이다.

비인칭 주어 it은 시간, 요일, 날짜, 계절, 거리, 날씨 등을 말할 때 써요.

	시간	It is 8:40.
비인칭 주어 **It**	요일, 날짜	It is Sunday. It is June 21.
	계절	It is summer now.
	거리	It is 10 km from here.
	날씨	It is windy today.

* **비인칭 주어 it**으로 날씨, 요일, 날짜, 시간 등을 묻고 답해봐요.

날씨 묻고 답하기	**How is the weather** today? - It is rainy.	오늘 날씨는 어떠니? 비가 와.
요일 묻고 답하기	**What day is it?** - It is Monday.	무슨 요일이니? 월요일이야.
날짜 묻고 답하기	**What's the date** today? - It is May 11.	오늘 날짜가 어떻게 되니? 5월 11일이야.
시간 묻고 답하기	**What time is it** now? - It is 4:30.	지금 몇 시이니? 4시 30분이야.

☑ 밑줄 친 부분에 주의하여 빈칸에 들어갈 알맞은 말을 고르세요.

1 I have <u>a bird</u>. _____ small. ☑ It is ☐ They are

2 <u>Birds</u> look small. _____ cute. ☐ It is ☐ They are

3 She has <u>boxes</u>. _____ heavy. ☐ It is ☐ They are

4 He wants <u>toy cars</u>. _____ expensive. ☐ It is ☐ They are

5 You can see <u>an eagle</u>. _____ big. ☐ It is ☐ They are

☑ 다음 질문에 알맞은 답을 고르세요.

1 What time is it now? ☐ It is 10:15. ☐ It is Monday.

2 How is the weather? ☐ It is snowy. ☐ It is May 12.

3 What's the date today? ☐ It is 12:00 now. ☐ It is June 23.

4 What day is it today? ☐ It is cloudy. ☐ It is Sunday.

주어진 단어 중 하나를 골라 우리말에 맞게 대화를 완성하세요.

1

it / they

A: Do turtles move fast? 　　　　　거북이들은 빠르게 움직이니?

B: No, _they_ don't. 　　　　　아니, 그렇지 않아.

2

It is / They are

A: How is the weather? 　　　　　날씨가 어떠니?

B: ＿＿＿＿＿＿ sunny. 　　　　　화창해.

3

it / they

A: Did your friends arrive early? 　　　　　네 친구들은 일찍 도착했니?

B: Yes, ＿＿＿＿＿＿ did. 　　　　　그래, 맞아.

4

It is / They are

A: What day is it today? 　　　　　오늘은 무슨 요일이니?

B: ＿＿＿＿＿＿ Tuesday. 　　　　　화요일이야.

5

it is / they are

A: Are the books for students? 　　　　　그 책들은 학생들을 위한 거니?

B: Yes, ＿＿＿＿＿＿. 　　　　　그래. 맞아.

Sentences 문장 완성해 쓰기

✏️ 주어진 단어를 이용하여 우리말에 맞게 쓰세요.

1 지금은 겨울이다.
(winter, now) → It is winter now.

2 그것들은 위험한 동물들이다.
(dangerous, animals) →

3 오늘은 춥고 바람이 분다.
(cold and windy, today) →

4 그것들은 아이들을 위한 것이다.
(for children) →

5 그것들은 교실에 있다.
(in the classroom) →

6 지금은 3시 25분이다.
(3:25, now) →

 **It is spring.** 봄이다.

Sentence 익히기

🖊 알맞은 우리말을 연결하세요.

1 They are **big trees.** ●————● **a** 그것들은 큰 나무들이다.

2 What day is it today? ● ● **b** 5월 23일이다.

3 It is May 23. ● ● **c** 오늘은 무슨 요일이니?

🖊 다음 문장을 우리말로 쓰세요.

1 Look at the dogs. They are cute. 의미 ＿＿＿＿＿＿＿＿＿＿＿＿＿

2 It is 20 km to the airport. 의미 ＿＿＿＿＿＿＿＿＿＿＿＿＿

Sentence 써보기

🖊 주어진 단어와 it is / they are를 이용하여 우리말에 맞게 쓰세요.

1 나는 토끼가 있다. 그것은 작다. **(a rabbit, have, small)**

➡ ＿＿＿＿I have a rabbit. It is small.＿＿＿＿

2 그 학생들을 봐라. 그들은 어리다. **(the students, Look at, young)**

➡ ＿＿＿＿＿＿＿＿＿＿＿＿＿＿＿＿＿＿

3 그는 고양이가 있다. 그것은 크다. **(a cat, have, big)**

➡ ＿＿＿＿＿＿＿＿＿＿＿＿＿＿＿＿＿＿

4 오늘은 금요일이다. **(today, Friday)**

➡ ＿＿＿＿＿＿＿＿＿＿＿＿＿＿＿＿＿＿

혼공쌤
그림으로 기초 이해

[Today's 혼공]
문장을 길게 만드는
확장 원리를
배워봐요.

1 문장 확장 1

꾸며주는 말이 들어가면 점점 문장이 더 길어져요.

| **Students** | will come to the party. |

↓

| **Many young students** | will come to the party. |

많은 어린 학생들이 파티에 올 것이다.

길어진 주어

The little rabbits are sleeping. 그 작은 토끼들은 자고 있다.

기본 문장은 동사 앞에 있는 **주어가 형용사 등의 꾸밈을 받을 때** 길어질 수 있어요.

주어	동사	부사구
My brother	went	to the park.

- My older brother
- Her best friends
- The small dogs with long hair

- 내 큰오빠는 공원에 갔다.
- 그녀의 **친한** 친구들은 공원에 갔다.
- 그 긴 털의 작은 개들은 공원에 갔다.

* 주어가 I, He, She 등의 대명사가 아닐 때에는 동사를 중심으로 앞부분을 주어로 해석하면 편리해요.

| He | is dancing |.

↓

| The handsome boy | is dancing |.

| 그는 | 춤추고 있다.

↓

| 그 잘생긴 남자애는 | 춤추고 있다.

2 문장 확장 2

부사가 여러 개 연결되면 문장이 길어져요.

He	came	to school.

그는 **학교에** 왔다.

↓

He	came	to school yesterday.

그는 **어제 학교에** 왔다.

부사로 어진 문장

He is sleeping in the bed. 그는 침대에서 자고 있다.

기본 문장에서 동사 또는 목적어 다음에 부사가 와서 길어질 수 있어요. 이때, 부사는 <장소 + 방법 + 시간> 순서로 써요.

주어	동사 (+ 목적어)	부사(구)
She	**left home**	yesterday.

- 그녀는 **그녀의 부모님과** 집을 떠났다.
- 그녀는 **아침 일찍** 집을 떠났다.
- 그녀는 **지난밤에 차로** 집을 떠났다.

- with her parents.
- early in the morning.
- by car last night.

* 동사 come, go, walk, move, arrive, leave, stay, get 등은 뒤에 바로 부사 표현이 와요.

| He | arrived | in London | . | 그는 | 런던에 도착했다 | . |

↓

| He | arrived | in London at 6 | . | 그는 | 6시에 런던에 도착했다 | . |

| She | stayed | at my home | . | 그녀는 | 내 집에 머물렀다 | . |

↓

| She | stayed | at my home for two days | . | 그녀는 | 내 집에 이틀 동안 머물렀다 | . |

☑ 다음 문장에서 주어를 고르세요.

1 The young girl went to the beach.
- ☐ The young
- ☑ The young girl

2 The number of boys in red is five.
- ☐ The number of
- ☐ The number of boys in red

3 His cute dog has long hair.
- ☐ His cute
- ☐ His cute dog

4 One problem with an old bike is noise.
- ☐ One
- ☐ One problem with an old bike

☑ 빈칸에 들어갈 알맞은 말을 고르세요.

1 I played soccer _____.
- ☐ the playground
- ☐ in the playground

2 The tall boy went _____.
- ☐ the library
- ☐ to the library

3 She played _____.
- ☐ last night with her friend
- ☐ with her friend last night

4 They arrived _____.
- ☐ here late yesterday
- ☐ late here yesterday

Practice B 문장 완성하기

주어진 말을 알맞게 연결한 뒤 문장을 다시 쓰세요.

1

My best friend •
- • went last week to the beach
- • went to the beach last week

→ My best friend went to the beach last week.

내 가장 친한 친구는 지난주에 해변에 갔다.

2

The tall boys •
- • are jumping now high
- • are jumping high now

→

그 키가 큰 남자애들은 지금 높이 뛰고 있다.

3

They •
- • wake up early in the morning
- • wake up in early the morning

→

그들은 아침 일찍 일어난다.

4

Many students •
- • are running fast in the park
- • fast are running in the park

→

많은 학생들이 공원에서 빨리 달리고 있다.

5

His dog •
- • moves very slowly
- • moves slowly very

→

그의 개는 매우 천천히 움직인다.

✏️ 주어진 말을 우리말에 맞게 바르게 배열해 쓰세요.

1 그녀는 매일 운동장에서 축구를 한다.
(every day, in the playground, She, soccer, plays) ➡️ She plays soccer in the playground every day.

2 그 작은 고양이는 긴 털이 있다.
(has, The little, long hair, cat) ➡️

3 내 친구는 어제 해변에 갔다.
(went, yesterday, My friend, to the beach) ➡️

4 그 키가 큰 소녀는 지난밤에 그녀의 친구와 놀았다.
(with, played, The tall, her friend, girl, last night) ➡️

5 그는 어제 늦게 도착했다.
(late, arrived, yesterday, He) ➡️

6 그들은 아침 일찍 떠난다.
(early, They, in the morning, leave) ➡️

Sentence 읽기

✏️ 알맞은 우리말을 연결하세요.

① The cute boy went to school. •

② He cleaned the room very quickly. •

③ We move slowly in water. •

• ⓐ 우리는 물에서 천천히 움직인다.

• ⓑ 그 귀여운 남자애는 학교에 갔다.

• ⓒ 그는 방을 매우 빠르게 청소했다.

✏️ 다음 문장을 우리말로 쓰세요.

① He is running fast in the park. 의미 _____

② They're jumping very high. 의미 _____

Sentence 쓰기

✏️ 주어진 단어를 이용하여 우리말에 맞게 쓰세요.

① 그녀는 6시에 식당에 도착했다. **(got, at 6, She, to the restaurant)**

→ *She got to the restaurant at 6.*

② 많은 학생들은 지금 공원에서 걷고 있다. **(Many, are walking, students, now, in the park)**

→ _____

③ 그들은 오후에 학교에 간다. **(go, They, in the afternoon, to school)**

→ _____

④ 나는 내 부모님과 함께 집을 떠났다. **(my parents, left, I, with, home)**

→ _____

혼공쌤
그림으로 기초 이해

[Today's 혼공]
오늘은 앞에서 배운 문장들을 변화시켜 명령문과 의문사 의문문을 어떻게 만드는지 알아봐요.

1 명령문

상대방이 어떤 행동을 하도록 지시하는 문장을 명령문이라고 해요.

Open	the door.

문을 **열어라**.

Don't close	the door.

문을 **닫지 마라**.

긍정 명령문

Wash your hands. 네 손을 씻어라.

명령문은 동사로 문장을 시작하고, 공손하게 말할 때 please를 쓰기도 해요.

의미	문장 형태	예문
~해라	동사원형	Close the door. 문을 닫아라.
제발 ~해 줘	동사원형 + please	Close the door, please. 문을 좀 닫아줘.

부정 명령문

Don't enter here. 여기에 들어가지 마라.

'~해라'라는 명령문과 '~하지 마라'라는 부정 명령문은 <Do not(=Don't) + 동사>로 써요.

긍정 명령문	부정 명령문
Open the window. 창문을 열어라.	**Don't open** the window. 창문을 열지 말아라.
Touch this. 이것을 만져라.	**Don't touch** this. 이것을 만지지 말아라.

2 의문사 의문문

의문사가 문장 맨 앞에 있는 의문문을 알아보아요.

Is	she running?

Where	is	she running?

그녀는 **어디서** 달리고 있니?

의문사

What is she doing?

그녀는 무엇을 하니?

Who, When, Where, What, Why, How 등의 의문사를 사용한 의문문을 **의문사 의문문**이라고 해요.

의문사	의미	예문	
Who	누가	Who are you?	너는 누구니?
When	언제	When is your birthday?	너의 생일은 언제니?
Where	어디에서	Where do you live?	너는 어디에 사니?
What	무엇을	What are you doing?	너는 무엇을 하고 있니?
Why	왜	Why do you think so?	너는 왜 그렇게 생각하니?
How	어떻게	How is the weather?	날씨가 어떠니?

* 의문사 의문문일 때 문장의 순서는 다음과 같아요.

be동사일 때: 의문사 + be동사 + 주어?	일반동사일 때: 의문사 + do / does + 주어 + 동사?
의문사 be동사 주어 **Who** is he ? 그는 누구니?	의문사 do 주어 동사 **What** do you see ? 너는 무엇이 보이니?
의문사 be동사 주어 **Where** is your house ? 너희 집은 어디니?	의문사 does 주어 동사 **How** does she feel ? 그녀는 어떻게 느끼니?

☑ 우리말을 보고 빈칸에 들어갈 알맞은 말을 고르세요.

1 _____ in the hall.
복도에서 뛰지 마라.
☐ Run ☑ Don't run

2 _____ your hands.
너의 손을 씻어라.
☐ Wash ☐ Don't wash

3 _____ that.
그것을 만지지 마라.
☐ Touch ☐ Don't touch

4 _____ with your brother.
너의 동생과 싸우지 마라.
☐ Fight ☐ Don't fight

5 _____ quiet in the library.
도서관에서 조용히 해라.
☐ Be ☐ Don't be

☑ 의문사 의문문을 쓸 때 우리말에 알맞은 의문사를 고르세요.

1 누가 방을 청소하니? Who / When / Where cleans the room?

2 너는 보통 어디에서 운동하니? Who / When / Where do you usually exercise?

3 내가 너를 위해 무엇을 할 수 있니? What / Why / How can I do for you?

4 너는 어떻게 학교에 가니? What / Why / How do you go to school?

5 너의 시험은 언제니? Who / When / Where is your exam?

✏️ 그림을 보고 우리말에 맞게 대화를 완성하세요.

1

A: who   is she?   그녀는 누구이니?

B: She is my mom.   그녀는 내 엄마야.

2

A: did you do yesterday?   너는 어제 무엇을 했니?

B: I went shopping.   나는 쇼핑을 갔어.

3

A: is he?   그는 어디에 있니?

B: He is in the library.   그는 도서관에 있어.

4

A: does the bus leave?   그 버스는 언제 떠나니?

B: It leaves at 10.   그것은 10시에 떠나.

5

A: can I get there?   내가 거기에 어떻게 갈 수 있니?

B: Turn right. Then you can see it.   오른쪽으로 돌아.
그러면 너는 그것을 볼 수 있어.

Sentences 문장 배열해 쓰기

✏️ 주어진 말을 우리말에 맞게 바르게 배열해 쓰세요.

1
내 생일을 잊지 마라.
forget, my birthday, Don't
→ Don't forget my birthday.

2
너는 점심으로 무엇을 만들었니?
did, make, you, What, for lunch
→

3
그는 금요일마다 어디에 가니?
he, does, Where, go, on Fridays
→

4
누가 그녀와 함께 사니?
lives, Who, with her
→

5
박물관에서 작품들을 만지지 마라.
the works, Don't, in the museum, touch
→

6
그녀는 언제 잠자리에 들었니?
she, When, to bed, did, go
→

What do you make? 너는 무엇을 만드니?

🖊 알맞은 우리말을 연결하세요.

1 Don't cut in line.   •   • **a** 너는 어떻게 바닥을 청소하니?

2 How do you clean the floor?   •   • **b** 새치기를 하지 마라.

3 Who makes kimchi?   •   • **c** 누가 김치를 만드니?

🖊 다음 문장을 우리말로 쓰세요.

1 Clean your room.   의미 _____

2 When does the bus leave?   의미 _____

🖊 주어진 단어를 이용하여 우리말에 맞게 쓰세요.

1 그녀는 어제 무엇을 했니? (did, she, What, yesterday, do)

➡   what did she do yesterday?

2 그는 언제 안경을 샀니? (the glasses, he, When, buy, did)

➡ _____

3 창문 닫는 것을 잊지 마라. (forget, Don't, to close the window)

➡ _____

4 도서관에서 조용히 해라. (quiet, in the library, Be)

➡ _____

01 그림을 보고 주어진 단어를 이용하여 명령문을 완성하세요.

1 _____ in the museum. (not, run)

2 _____ the crosswalk. (cross)

3 _____ off your shoes in the house. (take)

4 _____ your friend. (not, push)

02 <보기>에서 알맞은 말을 찾아 우리말에 맞게 문장을 완성하세요.

> **보기**
>
> What   How   Who

1 누가 그 창문을 깼니?

→ _____ broke the window?

2 너는 아침 식사 후에 무엇을 하니?

→ _____ do you do after breakfast?

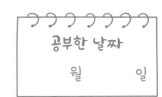

3 콘서트는 어땠니?

➡ _____ was the concert?

03 다음 대화에서 틀린 부분을 찾아 대화에 맞게 고쳐 쓰세요.

1 A Don't forget you umbrella.

B That's not my umbrella.

_____ ➡ _____

2 A Who did you go yesterday?

B I went to the park.

_____ ➡ _____

3 A I have a cold.

B Drinks warm water.

_____ ➡ _____

4 A What took my book?

B Tom took it.

_____ ➡ _____

5 A Where did you buy the dress?

B I bought them at the mall.

_____ ➡ _____

6 A What did Mike and Sue do last night?

B She did their homework.

_____ ➡ _____

04 밑줄 친 부분을 어법에 맞게 고쳐 문장 전체를 다시 쓰세요.

1 <u>She</u> shoes are new. 그녀의 신발은 새것이다.

➡ _____

2 <u>Is</u> kind to your friends. 네 친구들에게 친절해라.

➡ _____

3 <u>How</u> does Sue work? 수는 어디에서 일하니?

➡ _____

4 <u>Cleans</u> your room. 네 방을 청소해라.

➡ _____

05 빈칸에 알맞은 말을 써서 대화를 완성하세요.

1 A _____ is the _____ today? 오늘 날씨가 어떠니?

  B It is windy and cloudy. 바람이 불고 흐려.

2 A _____ _____ you want for dinner? 너는 저녁 식사로 무엇을 원하니?

  B I want spaghetti. 나는 스파게티를 원해.

3 A _____ _____ a new car? 누가 새 차를 샀니?

  B Jake bought it a month ago. 제이크가 그것을 한 달 전에 샀어.

06 주어진 말을 바르게 배열한 뒤 우리말을 쓰세요.

1 family, His, to London, moved

➡ (문장) _____

➡ (우리말) _____

2 eat, Don't, cookies, in bed

➡ (문장) _____

➡ (우리말) _____

3 is, Who, to the party, coming

➡ (문장) _____

➡ (우리말) _____

4 some oranges, We, at the store, bought

➡ (문장) _____

➡ (우리말) _____

5 a lot of, vegetables, fresh, Eat

➡ (문장) _____

➡ (우리말) _____

[1~4] 주어진 단어를 이용하여 대화를 완성하세요.

1. **A** I have two foreign friends.

　　B Where ＿＿＿＿＿＿＿＿ ＿＿＿＿＿＿＿＿ from? (be)

2. **A** ＿＿＿＿＿＿＿＿ a helmet when you ride a bike. (wear)

　　B OK, I will.

3. **A** ＿＿＿＿＿＿＿＿ ＿＿＿＿＿＿＿＿ ＿＿＿＿＿＿＿＿ in the kitchen? (cook)

　　B My dad is cooking.

4. **A** ＿＿＿＿＿＿＿＿ ＿＿＿＿＿＿＿＿ in the classroom. (run)

　　B Sorry. I won't run.

[5~8] 다음 지문을 읽고 어법상 어색한 부분을 찾아 바르게 고친 뒤 문장을 다시 쓰세요.

> Jimin and Sue are students. 5 <u>He have to study for the test.</u>
> Here are some tips for them:
> - Study every day. 6 <u>Doesn't study everything in one day.</u>
> - 7 <u>Goes to bed early before the test.</u>
> - 8 <u>Aren't nervous.</u> Relax before the test.

5. He have to study for the test. ⟶ ＿＿＿＿＿＿＿＿＿＿＿＿＿＿＿＿

6. Doesn't study everything in one day. ⟶ ＿＿＿＿＿＿＿＿＿＿＿＿＿＿＿＿

7. Goes to bed early before the test. ⟶ ＿＿＿＿＿＿＿＿＿＿＿＿＿＿＿＿

8. Aren't nervous. → _____

[9~11] 빈칸에 알맞은 말을 써서 우리말에 맞게 대화를 완성하세요.

9. **A** _____ did you go on Sunday? 너는 일요일에 어디에 갔니?

B I went to the beach. 나는 해변에 갔어.

10. **A** _____ did you do? 너는 무엇을 했니?

B I went swimming and fishing. 나는 수영하고 낚시하러 갔어.

11. **A** _____ did you go with? 너는 누구와 갔니?

B I went with my dad. 나는 내 아빠와 갔어.

[12~15] 주어진 조건에 맞도록 <보기>의 말을 이용하여 문장을 완성하세요.

【조건】	【보기】	
· 부정 또는 긍정 명령문으로 쓸 것	eat	work out
· 15번의 두 번째 문장은 대명사로 시작할 것	drink	take

12. 빵, 케이크와 사탕을 먹지 마라.

→ _____ bread, cakes, and sweets.

13. 물을 많이 마셔라.

→ _____ lots of water.

14. 매일 운동하라.

→ _____ every day.

15. 그 알약을 복용하지 마라. 그것들은 위험하다.

→ _____ the pills. _____ are dangerous.

Chapter **3**

비교급 / 최상급 / 관사 / 수량 형용사

Week 3

Day 01

오늘의 공부 | 비교급

제 평가는요?
☆☆☆☆☆

월 [ ] 일 [ ] 시간 [ ]

Day 02

오늘의 공부 | 최상급

제 평가는요?
☆☆☆☆☆

월 [ ] 일 [ ] 시간 [ ]

Day 03

오늘의 공부 | 관사

제 평가는요?
☆☆☆☆☆

월 [ ] 일 [ ] 시간 [ ]

Day 04

오늘의 공부 | 수량 형용사

제 평가는요?
☆☆☆☆☆

월 [ ] 일 [ ] 시간 [ ]

Day 05

오늘의 공부 | 단원 TEST / 중학 대비 TEST

제 평가는요?
☆☆☆☆☆

월 [ ] 일 [ ] 시간 [ ]

1 비교급 ①

두 **가지를 비교**하여 '더 크다, 더 빠르다'처럼 말할 때 형용사 또는 부사를 사용하는 것을 **비교급**이라고 해요.

주어 + 동사	비교급	비교 대상
It is 그것은 ~(하)다	bigger 더 큰	**than my cat.** 내 고양이보다.
여기서 주어는 비교의 주인공으로, 뒤의 대상과 연결해서 생각해요.	비교하는 부분인 형용사, 부사를 -er 형태로 바꿔서 써요.	than 다음에 비교 대상을 써요.

2 비교급 ②

비교급 문장은 **<형용사 / 부사 + -er>**을 사용해요.

He's	faster	than Jin.

그는 진보다 **더** 빠르다.

I'm	slower	than Jin.

나는 진보다 **더** 느리다.

주어 + 동사 (+ 부사)

Sam is older than Tim.

샘은 팀보다 더 나이가 많다.

<형용사 / 부사 + -er>을 써서 두 대상을 비교하는 문장을 쓸 때, -er를 붙이는 규칙이 있어요.

Africa is **hotter** than Spain.
아프리카는 스페인보다 더 덥다.

규칙		원급 - 비교급	
대부분의 경우	+ -er	old – older 늙은 – 더 늙은	tall – taller 큰 – 더 큰
끝이 -e인 경우	+ -r	close – closer 가까운 – 더 가까운	cute – cuter 귀여운 – 더 귀여운
단모음 + 단자음	자음추가 + -er	big – bigger 큰 – 더 큰	hot – hotter 더운 – 더 더운
자음 + y	y → -ier	easy – easier 쉬운 – 더 쉬운	busy – busier 바쁜 – 더 바쁜
-ful, -ous, -less 등으로 끝나는 2음절 및 3음절 이상의 단어	more + 형용사 / 부사	beautiful – more beautiful 아름다운 – 더 아름다운	
	less + 형용사 / 부사	difficult – less difficult 어려운 – 덜 어려운	
불규칙 변화	good[well] – better 좋은 – 더 좋은	bad[ill] – worse 나쁜[아픈] – 더 나쁜[아픈]	

✏️ 다음 단어의 비교급을 쓰세요.

1 old → _older_

2 young → _____

3 cute → _____

4 easy → _____

5 good → _____

6 tall → _____

7 important → _____

8 happy → _____

9 high → _____

10 bad → _____

☑️ 우리말을 보고 빈칸에 들어갈 알맞은 말을 고르세요.

1 I wake up _____ than him.
나는 그보다 더 일찍 일어난다.
☐ early   ☐ earlier

2 He is _____ Jake.
그는 제이크보다 더 빠르다.
☐ faster   ☐ faster than

3 She jumps _____ me.
그녀는 나보다 더 높게 뛴다.
☐ higher   ☐ higher than

4 The toy is _____ than it.
그 장난감은 그것보다 더 비싸다.
☐ expensiver   ☐ more expensive

Practice B 문장 완성하기

✎ 주어진 단어를 이용하여 우리말에 맞게 문장을 완성하세요.

1

| **large** | A tiger is | *larger than* | a cat. | 호랑이는 고양이보다 더 크다. |
| **small** | A cat is | | a tiger. | 고양이는 호랑이보다 더 작다. |

2

| **warm** | Jeju is | | Seoul. | 제주는 서울보다 더 따뜻하다. |
| **cold** | Seoul is | | Jeju. | 서울은 제주보다 더 춥다. |

3

| **easy** | Math is | | science. | 수학은 과학보다 덜 어렵다. |
| **difficult** | Science is | | math. | 과학은 수학보다 더 쉽다. |

4

| **old** | Emma is | | Dean. | 엠마는 딘보다 더 어리다. |
| **young** | Dean is | | Emma. | 딘은 엠마보다 더 나이가 많다. |

5

| **slow** | A rabbit is | | a turtle. | 토끼는 거북이보다 더 빠르다. |
| **fast** | A turtle is | | a rabbit. | 거북이는 토끼보다 더 느리다. |

✏️ 주어진 말을 우리말에 맞게 바르게 배열해 쓰세요.

1 그녀는 제이크보다 더 똑똑하다.
smarter, She, is, Jake, than
→ She is smarter than Jake.

2 그녀는 인형보다 더 아름답다.
more, is, beautiful, She, a doll, than
→

3 이 상자는 저것보다 더 무겁다.
than, heavier, is, that one, This box
→

4 나는 학교에 엠마보다 더 일찍 간다.
than, to school, I, go, earlier, Emma
→

5 우리는 그들보다 더 늦게 도착했다.
We, later, arrived, them, than
→

6 그들의 역사는 한국 역사보다 더 짧다.
shorter, Their history, is, Korean history, than
→

She's older than me.

그녀는 나보다 더 나이가 많다.

Sentence 익히기

🖊 알맞은 우리말을 연결하세요.

1 They are taller than you. •

2 He runs faster than her. •

3 It jumps higher than a frog. •

• **a** 그는 그녀보다 더 빨리 달린다.

• **b** 그들은 너보다 더 크다.

• **c** 그것은 개구리보다 더 높이 뛴다.

🖊 다음 문장을 우리말로 쓰세요.

1 We are younger than Dean.　의미 _____

2 She studies harder than me.　의미 _____

Sentence 써보기

🖊 주어진 단어를 이용하여 우리말에 맞게 쓰세요.

1 스페인은 런던보다 더 덥다. (Spain, hotter, London, than, is)

➡ _____ Spain is hotter than London. _____

2 수학은 영어보다 더 어렵다. (English, more, than, Math, is, difficult)

➡ _____

3 그 시계는 그 드레스보다 더 비싸다. (more, the dress, The watch, is, expensive, than)

➡ _____

4 그녀는 인형보다 더 귀엽다. (cuter, She, a doll, than, is)

➡ _____

1 최상급 ①

셋 이상을 비교하여 **'가장 ~하다'**고 말할 때 형용사 또는 부사를 변화시켜서 **최상급**을 나타내요.

주어 + 동사	최상급	비교 대상
It is 그것은 ~(하)다	the biggest 가장 큰	**of the three cats.** 세 고양이 중에.
여기서 주어는 여러 대상 중 최고(최상)의 무언가를 나타내는 주인공입니다.	형용사, 부사를 -est 형태로 바꿔서 최상급을 나타내요.	비교 대상을 in / of 다음에 써요.

2 최상급 ②

최상급 문장은 <**the 형용사, 부사 + -est + in / of ~**>로 써요.

He is	the fastest	in the world.

그는 세계에서 **가장 빠르다**.

He is	the best	athlete.

그는 **가장 훌륭한** 선수이다.

최상급

Today is the hottest day of the year.
오늘이 일년 중 가장 덥다.

최상급은 <**the 형용사나 부사 + -est**>로 나타내요. 이때 비교 대상이 **복수**일 때 전치사 of나 among을, **집단이나 장소처럼 단수**일 때 in을 써요.

Russia is the biggest in the world.
러시아는 세계에서 가장 크다.

규칙		원급 - 비교급 - 최상급
대부분의 경우	+ -est	old – older – old**est** 늙은 – 더 늙은 – 가장 늙은
끝이 -e인 경우	+ -st	close – closer – close**st** 가까운 – 더 가까운 – 가장 가까운
단모음 + 단자음	자음추가 + -est	big – bigger – big**gest** 큰 – 더 큰 – 가장 큰
자음 + y	y → -iest	easy – easier – eas**iest** 쉬운 – 더 쉬운 – 가장 쉬운
-ful, -ous, -less 등으로 끝나는 2음절 및 3음절 이상의 단어	most + 형용사 / 부사	beautiful – more beautiful – most beautiful 아름다운 – 더 아름다운 – 가장 아름다운
	least + 형용사 / 부사	important – less important – least important 중요한 – 덜 중요한 – 가장 중요하지 않은
불규칙 변화	good[well] – better – best 좋은 – 더 좋은 – 가장 좋은	bad[ill] – worse – worst 나쁜[아픈] – 더 나쁜[아픈] – 가장 아픈

☑ 다음 단어의 최상급을 쓰세요.

1. old ➜ ___oldest___
2. young ➜ _____
3. cute ➜ _____
4. easy ➜ _____
5. good ➜ _____
6. tall ➜ _____
7. important ➜ _____
8. happy ➜ _____
9. high ➜ _____
10. bad ➜ _____

☑ 우리말을 보고 빈칸에 들어갈 알맞은 말을 고르세요.

1. I wake up the _____ in my family.
   나는 우리 가족 중에서 가장 일찍 일어난다.
   ☐ earlier
   ☐ earliest

2. He is the _____ in my class.
   그는 우리 반에서 가장 빠르다.
   ☐ faster
   ☐ fastest

3. It is the _____ of the seven toys.
   그것은 일곱 개의 장난감 중에 가장 비싸다.
   ☐ more expensive
   ☐ most expensive

4. She is the _____ in the team.
   그녀는 팀에서 가장 키가 크다.
   ☐ taller
   ☐ tallest

문장 완성하기

주어진 단어를 이용하여 우리말에 맞게 문장을 완성하세요.

1 **fast**

It is *faster than* a horse. 그것은 말보다 더 빠르다.

It is in the world. 그것은 세상에서 가장 빠르다.

2 **expensive**

The red car is the blue one. 빨간 차는 파란 차보다 더 비싸다.

The red car is of the three. 빨간 차가 셋 중에 가장 비싸다.

3 **high**

Mt. Everest is Mt. Halla. 에베레스트산은 한라산보다 더 높다.

Mt. Everest is in the world. 에베레스트산은 세상에서 가장 높다.

4 **delicious**

The soup is the salad. 그 수프는 샐러드보다 더 맛있다.

The soup is among them. 그 수프는 그것들 중에 가장 맛있다.

5 **large**

This room is that one. 이 방은 저것보다 더 크다.

This room is in this hotel. 이 방은 이 호텔에서 가장 크다.

✏️ 주어진 말을 우리말에 맞게 바르게 배열해 쓰세요.

1 겨울은 가장 추운 계절이다.
season, the, Winter, coldest, is → *Winter is the coldest season.*

2 그는 학교에서 가장 인기 있다.
in school, He, popular, the, is, most →

3 그녀는 축구팀에서 가장 훌륭한 선수이다.
She, on the soccer team, best, the, is, athlete →

4 그 개는 셋 중에 가장 크다.
of, largest, the three, the, is, The dog →

5 오늘은 내 생에 가장 행복한 날이다.
happiest, my life, Today, of, is, day, the →

6 그것은 이 도시에서 가장 높은 건물이다.
in this town, It, building, is, the, tallest →

It is the highest.

그것은 가장 높다.

알맞은 우리말을 연결하세요.

1 It's the fastest animal. •

2 He's the tallest in the world. •

3 They are the cutest dolls. •

• a 그것들은 가장 귀여운 인형들이다.

• b 그것은 가장 빠른 동물이다.

• c 그는 세상에서 가장 키가 크다.

다음 문장을 우리말로 쓰세요.

1 Mt. Halla is the highest in Korea. 의미 _____

2 Russia is the largest in the world. 의미 _____

주어진 단어를 이용하여 우리말에 맞게 쓰세요.

1 그들은 반에서 가장 힘이 세다. (the, They, in the class, are, strongest)

→ _____They are the strongest in the class._____

2 그것이 이 가게에서 가장 비싸다. (most, It, in this store, expensive, the, is)

→ _____

3 여름은 가장 더운 계절이다. (the, Summer, hottest, is, season)

→ _____

4 그는 셋 중에 가장 어리다. (youngest, He, the, is, of the three)

→ _____

Day 03 관사

혼공쌤
그림으로 기초 이해

[Today's 혼공]
오늘은
명사와 함께 쓰이는
관사에 대해
배워 보아요.

What is it?
그것은 무엇이니?

It's a card.
The card is very expensive.
그것은 카드야.
그 카드는 아주 비싸지.

1 관사 ①

명사 앞에 붙는 **a**, **an을 부정관사**라고 해요. 그리고 부정관사 a, an의 의미는 다음과 같아요.

부정관사 a / an	+	명사

> 명사가 모음 a, e, i, o, u로
> 시작하면 부정관사 an를 써요.

하나의 의미	특정 명사 전체 / 정해지지 않은 것
I have a dog **and** a cat.	A dog **is** a good friend.
나는 개 한 마리와 고양이 한 마리가 있다.	개는 좋은 친구이다.
This is a book.	**I need** a car.
이것은 책이다.	나는 차가 필요하다.

* 부정관사 a(n)는 빈도를 나타낼 때 쓰기도 해요.

He goes fishing three times a week. 그는 일주일에 세 번 낚시를 간다.

2 관사 ②

명사 앞에 자주 보이는 **정관사 the**를 알아보아요.

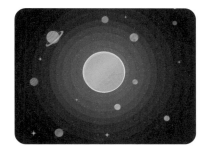

The sun	is	a star.

태양은 별이다.

The stars	are	round.

그 **별들**은 둥글다.

관사 the

The Earth is a planet.
지구는 행성이다.

정관사 the는 다음과 같이 써야 하는 경우가 있어요.

유일한 것	the sun, the Earth, the moon, the universe
자연환경	the sea, the sky, the ocean
악기	the piano, the violin, the cello

* 명확한 무엇을 가리킬 때 정관사 the를 써요.

특정 사람, 사물	The lizard is colorful.

* 처음 말할 때는 a(n)를 쓰고 다시 말할 때 the를 써요.

어떤 대상을 다시 말할 때	Mike has a son. The son's name is Jake.

* 식사, 운동, 과목에는 관사를 사용하지 않아요.

He has (dinner / ~~a dinner~~) at 6. 그는 6시에 저녁밥을 먹는다.

She studies (math / ~~a math~~) hard. 그녀는 수학을 열심히 공부한다.

☑ 빈칸에 들어갈 알맞은 것을 고르세요. (X는 a / an이 필요 없다는 의미)

① I need _____ egg.　　　☐ a　☑ an　☐ X

② He is _____ good teacher.　　　☐ a　☐ an　☐ X

③ _____ Cats like milk.　　　☐ A　☐ An　☐ X

④ They have _____ son.　　　☐ a　☐ an　☐ X

⑤ He has _____ breakfast at 7.　　　☐ a　☐ an　☐ X

☑ 빈칸에 들어갈 알맞은 것을 고르세요. (X는 the가 필요 없다는 의미)

① It goes around _____ Earth.　　　☐ the　☐ X

② It flies in _____ sky.　　　☐ the　☐ X

③ They play _____ soccer.　　　☐ the　☐ X

④ She studies _____ math.　　　☐ the　☐ X

⑤ I bought a book. _____ book was very fun.　　　☐ The　☐ X

Practice B 대화 완성하기

그림을 보고 알맞은 관사를 넣어 대화를 완성하세요.

1

A: Look at _the_ sky.

하늘을 봐라.

B: Oh, there is ___ moon.

오, 달이 있어.

2

A: I play ___ piano.

나는 피아노를 연주해.

B: Really? I play twice ___ week.

정말? 나는 일주일에 두 번 연주해.

3

A: What did you buy?

너는 무엇을 샀니?

B: I bought ___ car. ___ car is very big.

나는 차를 샀어. 그 차는 엄청 커.

4

A: Where is she?

그녀는 어디에 있니?

B: She is in ___ library.

그녀는 그 도서관에 있어.

5

A: This is ___ umbrella.

이것은 우산이야.

B: Oh, it looks like ___ frog.

오, 그것은 개구리처럼 보여.

밑줄 친 부분을 어법에 맞게 고친 뒤 문장을 다시 쓰세요.

1 The baseball is a fun sport.
→ Baseball is a fun sport.
야구는 재미있는 스포츠이다.

2 Sun is larger than the moon.
→
태양은 달보다 더 크다.

3 He plays violin every day.
→
그는 매일 바이올린을 연주한다.

4 She is cooking a dinner.
→
그녀는 저녁을 요리하고 있다.

5 The math is my favorite subject.
→
수학은 내가 가장 좋아하는 과목이다.

6 I have a cat. A cat has black spots.
→
나는 고양이가 있다. 그 고양이는 점박이다.

Look at the moon. 달을 봐라.

✏️ 알맞은 우리말을 연결하세요.

1. **She is** a good student. •   • ⓐ 그는 태양을 연구한다.

2. **He studies** the sun. •   • ⓑ 그들은 야구를 한다.

3. **They play** baseball. •   • ⓒ 그녀는 착한 학생이다.

✏️ 다음 문장을 우리말로 쓰세요.

1. **They fly in** the sky.   의미 _____

2. The moon **goes around** the Earth.   의미 _____

✏️ 주어진 단어를 이용하여 우리말에 맞게 쓰세요.

1. 그들은 일주일에 세 번 공원에 간다. (a week, to the park, They, three times, go)

   ➡️ _They go to the park three times a week._

2. 지구는 행성이다. (a, The, planet, Earth, is)

   ➡️ _____

3. 그는 저녁 식사 후에 여유롭다. (is, He, after, free, dinner)

   ➡️ _____

4. 그녀는 축구 선수이다. (a, She, soccer, is, player)

   ➡️ _____

수량 형용사

혼공쌤
그림으로 기초 이해

[Today's 혼공]
오늘은 명사와 함께
쓰이는 수와 양을
나타내는 형용사에
대해 알아봐요.

I have a few oranges.
나는 오렌지가 몇 개 있어.

But there is little juice.
하지만 주스는 거의 없어.

1 수량 형용사 ①

명사 앞에서 수와 양을 표현할 때 **수량 형용사**를 써요.

사탕은 하나, 둘, 셋 …
셀 수 있어요!

우유는 양이 많은지 적은지
가늠할 수 있어요!

셀 수 있는 명사는

수의 많고 적음으로 표현해요.

↓

a few / few + 공 / 사과 / 의자 / 연필
조금 있는 / 거의 없는

셀 수 없는 명사는

양의 많고 적음으로 표현해요.

↓

a little / little + 우유 / 주스 / 시간
조금 있는 / 거의 없는

2 수량 형용사 ②

명사의 수와 양을 나타내는 **수량 형용사**를 알아 보아요.

She	has	a few books.

그녀는 **몇 권의** 책이 있다.

Mom	needs	a little salt.

엄마는 **약간의** 소금이 필요하다.

명사와 수량 형용사

He has little money.

그는 돈이 거의 없다.

명사의 수와 양을 나타내는 **수량 형용사**를 정리해 보아요.

	많은		조금 있는	거의 없는
셀 수 있는 명사	many	a lot of, lots of	a few	few
셀 수 없는 명사	much		a little	little

1. 수의 크기: many > a few > few

- 셀 수 있는 명사 앞에 쓰여요.

- many 많은, a few 조금 있는, few 거의 없는

   A few people came. (몇몇 사람들이 왔다.)
   Few people came. (사람들이 거의 오지 않았다.)

2. 양의 크기: much > a little > little

- 셀 수 없는 명사 앞에 쓰여요.

- much 많은, a little 조금 있는, little 거의 없는

   I drank a little coke. (조금 마셨다)
   I drank little coke. (거의 마시지 않았다)

3. 수량 모두: a lot of / lots of

- 셀 수 있는 명사와 셀 수 없는 명사에 모두 쓸 수 있어요.

   There (are / ~~is~~) a lot of chairs there. (많은 의자들)
   There (~~are~~ / is) lots of rain in summer. (많은 비)

☑ 우리말을 보고 빈칸에 들어갈 알맞은 말을 고르세요.

1 _____ books 몇몇 책들 ☐ few ☑ a few

2 _____ sugar 설탕이 거의 없는 ☐ little ☐ few

3 _____ food 약간의 음식 ☐ a little ☐ a few

4 _____ brothers 많은 형제들 ☐ much ☐ a lot of

5 _____ fun 많은 재미 ☐ many ☐ lots of

☑ 빈칸에 들어갈 알맞은 말을 고르세요.

1 many _____ ☐ money ☐ apples

2 much _____ ☐ milk ☐ friends

3 little _____ ☐ time ☐ people

4 few _____ ☐ salt ☐ photos

5 a lot of _____ ☐ day ☐ days

Practice B 문장 완성하기

✏️ 주어진 단어를 이용하여 우리말에 맞게 문장을 완성하세요.

①

people

A few people hate the house.　몇몇 사람들은 그 집을 싫어한다.

There are _____.　사람들이 거의 없다.

②

water

They need _____.　그들은 약간의 물이 필요하다.

I drink _____ in the morning.　나는 아침에 물을 거의 안 마신다.

③

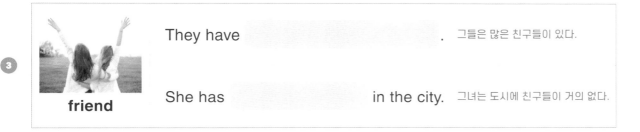

friend

They have _____.　그들은 많은 친구들이 있다.

She has _____ in the city.　그녀는 도시에 친구들이 거의 없다.

④

book

There are _____ in the bag.　가방에 책들이 거의 없다.

He read _____.　그는 많은 책들을 읽었다.

⑤

rain

There will be _____ this week.　이번 주에 비가 거의 없을 것이다.

We have _____ in summer.　여름에 비가 약간 온다.

🖉 밑줄 친 부분을 어법에 맞게 고친 뒤 문장을 다시 쓰세요.

1 A little people want that toy. → A few people want that toy.
몇몇 사람들은 저 장난감을 원한다.

2 I need few sugar for tea. →
나는 차에 설탕이 거의 필요 없다.

3 There aren't much chairs in the room. →
방에 의자들이 많지 않다.

4 Do you have many money? →
너는 많은 돈을 가지고 있니?

5 He doesn't have many time. →
그는 시간이 많지 않다.

6 She has few trouble. →
그녀는 문제가 거의 없다.

There is lots of sugar. 많은 설탕이 있다.

✏️ 알맞은 우리말을 연결하세요.

❶ We need lots of water. •

❷ He has many friends. •

❸ It didn't drink much water. •

• ⓐ 그는 많은 친구들이 있다.

• ⓑ 그것은 물을 많이 마시지 않았다.

• ⓒ 우리는 많은 물이 필요하다.

✏️ 다음 문장을 우리말로 쓰세요.

❶ We have a lot of rain in the summer. 의미 _____

❷ She read a lot of books. 의미 _____

✏️ 주어진 단어를 이용하여 우리말에 맞게 쓰세요.

❶ 이번 주에 비가 거의 없을 것이다. (will be, There, little, this week, rain)

→ There will be little rain this week.

❷ 나는 내 커피에 설탕을 거의 넣지 않았다. (little, I, sugar, put)

→ _____ in my coffee.

❸ 그녀는 여기에 친구들이 거의 없다. (few, here, She, friends, has)

→ _____

❹ 공원에 사람들이 많지 않다. (many, There, people, in the park, aren't)

→ _____

01 그림을 보고 주어진 단어를 이용하여 비교급 문장을 완성하세요.

1
2
3
4

1 China, France, big → _____ is _____ than _____.

2 today, yesterday, hot → _____ is _____ than _____.

3 her hair, his hair, long → _____ is _____ than _____.

4 Tom, Mike, tall → _____ is _____ than _____.

02 <보기>에서 알맞은 말을 찾아 우리말에 맞게 문장을 완성하세요.

보기

the tallest the youngest the most expensive

1 톰이 우리 반에서 가장 키가 크다.

→ Tom _____ in my class.

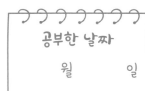
2 그녀는 셋 중에 가장 어리다.

➡ She _____ of the three.

3 그것은 가게에서 가장 비싸다.

➡ It _____ in the store.

---

03 다음 문장에서 틀린 부분을 바르게 고친 뒤 문장을 다시 쓰세요.

1 Math is difficulter than English.　　　　수학은 영어보다 더 어렵다.

➡ _____

2 He is the strongest in all.　　　　그는 모두 중에서 가장 힘이 세다.

➡ _____

3 The movie is more funny this one.　　　　그 영화는 이것보다 더 재미있다.

➡ _____

4 You run fast than me.　　　　너는 나보다 더 빨리 달린다.

➡ _____

5 The city is largest in Japan.　　　　그 도시는 일본에서 가장 크다.

➡ _____

04 다음 대화에서 틀린 부분을 찾아 바르게 고쳐 쓰세요.

1 A What's the coldest season?

B Winter is the coldest than all seasons.

_____ ➡ _____

2 A Sue is 11 years old. Tom is 10 years old.

B Right, she is old than him.

_____ ➡ _____

3 A The tennis is very popular these days.

B Oh, are you sure?

_____ ➡ _____

4 A Do you know Gina?

B Yes, she is the most great tennis player in the world.

_____ ➡ _____

05 빈칸에 알맞은 말을 써서 우리말에 맞게 문장을 완성하세요.

1 Health is _____ than money.
건강이 돈보다 더 중요하다.

2 It is a hat. _____ is too small for me.
그것은 모자이다. 그 모자는 나에게 너무 작다.

3 There aren't _____ chairs in the classroom.
교실에 의자들이 많지 않다.

06 밑줄 친 부분을 어법에 맞게 고쳐 문장 전체를 다시 쓰세요.

1 I have <u>the breakfast</u> every day.　　　　　나는 매일 아침밥을 먹는다.

➡ _____

2 This bag is <u>more heavier</u> than that one.　　이 가방은 저것보다 덜 무겁다.

➡ _____

3 It didn't drink <u>many</u> water.　　　　　　　그것은 많은 물을 마시지 않았다.

➡ _____

4 Whales are the biggest animals <u>of the world</u>.　고래는 세상에서 가장 큰 동물이다.

➡ _____

07 주어진 말을 바르게 배열한 뒤 우리말을 쓰세요.

1 is, the, Mt. Everest, in the world, highest

➡ (문장) _____

➡ (우리말) _____

2 An elephant, than, is, a hippo, heavier

➡ (문장) _____

➡ (우리말) _____

3 I, a few, books, have, on my shelf

➡ (문장) _____

➡ (우리말) _____

[1~4] 주어진 단어를 이용하여 대화를 완성하세요.

1. **A** Does he have a car?

   B Yes. He has a sports car. _____ is really nice. (car)

2. **A** What's _____ season of the year? (hot)

   B Summer is _____. (hot)

3. **A** You look like your sister.

   B Yeah. But she is _____ than me. (tall)

4. **A** Look. This is the Mona Lisa.

   B I know. It is one of the _____ paintings
   in the world. (famous)

[5~8] 다음 지문을 읽고 어법상 어색한 부분을 찾아 바르게 고친 뒤 문장을 다시 쓰세요.

> A turtle moves slowly, but **5** a snail moves much slowly. **6** A turtle isn't
> the slowly in the world. And **7** it swims more fast in water. But new research
> shows **8** a snail is faster what people think.

5. a snail moves much slowly. → _____

6. A turtle isn't the slowly in the world. → _____

7. it swims more fast in water   → _____

8. a snail is faster what people think   → _____

[9~11]   다음 표를 보고 우리말에 맞게 문장을 완성하세요.

	ruler	pencil	eraser
price(won)	600	500	400

9. 연필은 자보다 덜 비싸다.

→ The pencil is _____ the ruler.

10. 연필은 지우개보다 더 비싸다.

→ The pencil is _____ the eraser.

11. 자가 셋 중에 가장 비싸다.

→ The ruler is _____ the three.

[12~13]   지문을 읽고 주어진 조건에 맞게 질문에 답하세요.

【지문】	【조건】
Sam has two boxes. Together, they weigh 11 kg. Box A weighs 5 kg more than Box B.	· 숫자는 아라비아 숫자로 쓸 것 · 문장은 It으로 시작할 것

12. What is the weight of Box A?

→ _____ kg.

13. What is the weight of Box B?

→ _____ kg.

Chapter 4
전치사 & 접속사

Week 4

매일매일 스케줄

Day 01
오늘의 공부　　전치사 1
제 평가는요?
☆☆☆☆☆
월　　　일　　　시간

Day 02
오늘의 공부　　전치사 2
제 평가는요?
☆☆☆☆☆
월　　　일　　　시간

Day 03
오늘의 공부　　접속사 1
제 평가는요?
☆☆☆☆☆
월　　　일　　　시간

Day 04
오늘의 공부　　접속사 2
제 평가는요?
☆☆☆☆☆
월　　　일　　　시간

Day 05
오늘의 공부　　단원 TEST / 중학 대비 TEST
제 평가는요?
☆☆☆☆☆
월　　　일　　　시간

전치사 1

[Today's 혼공]
오늘은 명사 앞에
쓰여 여러 가지 의미를
나타내는 전치사를
배울 거예요.

When do you
get up?
너는 언제 일어나니?

I get up at 7
in the morning.
나는 아침 7시에 일어나.

1 전치사

전치사는 in the box (전치사 + 명사)처럼 '상자에서'라는 한 덩어리 의미로 쓰여요. 주로 **시간이나 장소**를 나타내며, 문장에서 다음과 같이 세 가지 역할을 한답니다.

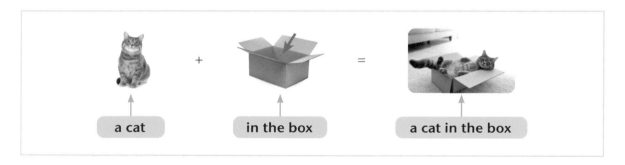

| a cat | + | in the box | = | a cat in the box |

형용사의 역할 1	be동사 다음에 써요.	He is **at the door**. 그는 문에 있다.
형용사의 역할 2	명사를 꾸며 줘요.	The man **at the door** is my brother. 그 문에 있는 남자는 내 동생이다.
부사 역할	동사를 꾸며 줘요.	He comes home **at 5**. 그는 5시에 집에 온다.

2 시간 전치사

시간, 날짜 표현을 전치사 **in, on, at**으로 나타내요.

I go to school	at 6.

나는 **6시에** 학교에 간다.

Flowers bloom	in spring.

꽃은 **봄에** 핀다.

전치사

It is cold in December.
12월에는 춥다.

달월, 연도, 아침 등 기간을 나타낼 때 전치사 **in**을, 날짜, 요일, 기념일 등 특정한 날은 **on**, 구체적인
시간이나 시점을 말할 때는 **at**을 써요.

I'm busy **in** the morning.
나는 아침에 바쁘다.

분류		예	
in	오전 / 오후	in the morning 아침에	in the afternoon 오후에
	연도	in 2020 2020년에	in 1975 1975년에
	월	in May 5월에	in June 6월에
	계절	in summer 여름에	in winter 겨울에
on	요일	on Monday 월요일에	on Tuesday 화요일에
	날짜	on April 2 4월 2일에	on May 5 5월 5일
	기념일	on Christmas 크리스마스에	on Easter 부활절에
at	시간	at 7 o'clock 7시 정각에	at 10 p.m. 오후 10시에
	시점	at night 밤에	at noon 정오에

Practice A   알맞은 말 고르기

☑ 빈칸에 들어갈 알맞은 말을 고르세요.

1 _____ the evening   ☑ in   ☐ on   ☐ at

2 _____ 12:30   ☐ in   ☐ on   ☐ at

3 _____ July   ☐ in   ☐ on   ☐ at

4 _____ 2002   ☐ in   ☐ on   ☐ at

5 _____ Christmas   ☐ in   ☐ on   ☐ at

☑ 다음 질문에 답을 할 때 알맞은 말을 고르세요.

1 What time do you usually get up?   I get up | in / on / at | 8 o'clock.

2 When does the show start?   It starts | in / on / at | Monday.

3 When will you come?   I'll come | in / on / at | March 2.

4 When do leaves turn red?   They turn red | in / on / at | fall.

🖊 주어진 단어 중 하나를 골라 우리말에 맞게 문장을 완성하세요.

1

May 4   The exam will finish _at noon_ .   시험은 정오에 끝날 것이다.

noon   The exam will finish _____ .   시험은 5월 4일에 끝날 것이다.

2

2 p.m.   He'll study _____ .   그는 아침에 공부할 것이다.

the morning   He'll study _____ .   그는 오후 2시에 공부할 것이다.

3

Sunday   It starts _____ .   그것은 일요일에 시작된다.

spring   It starts _____ .   그것은 봄에 시작된다.

4

2020   We came here _____ .   우리는 2020년에 여기에 왔다.

Christmas   We came here _____ .   우리는 크리스마스에 여기에 왔다.

5

October   The party is held _____ .   파티는 5시 정각에 열린다.

5 o'clock   The party is held _____ .   파티는 10월에 열린다.

주어진 말을 우리말에 맞게 바르게 배열해 쓰세요.

1
그녀는 일요일에 하이킹 하러 갔다.
on, She, Sunday, hiking, went
➡ She went hiking on Sunday.

2
내 생일은 새해이다.
My, is, New Year's Day, birthday, on
➡

3
그는 밤에 일하지 않는다.
doesn't, He, at, work, night
➡

4
나는 7:30분에 학교에 간다.
7:30, to school, I, go, at
➡

5
너는 아침 몇 시에 일어나니?
do, get up, the morning, you, What time, in
➡

6
에이미는 1월 7일에 쿠바를 여행할 것이다.
January 7, will, Amy, to Cuba, travel, on
➡

It starts at 9. 그것은 9시에 시작된다.

✏️ 알맞은 우리말을 연결하세요.

❶ They came back on Monday. •

❷ His birthday is in January. •

❸ It starts at 10 o'clock. •

• ⓐ 그의 생일은 1월이다.

• ⓑ 그들은 월요일에 돌아왔다.

• ⓒ 그것은 10시 정각에 시작된다.

✏️ 다음 문장을 우리말로 쓰세요.

❶ Leaves turn brown in fall. 의미 _____

❷ She studies at night. 의미 _____

✏️ 주어진 단어를 이용하여 우리말에 맞게 쓰세요.

❶ 우리는 크리스마스에 여기에 왔다. (came, We, on, here, Christmas)

➡ We came here on christmas.

❷ 그 시험은 정오에 시작될 것이다. (at, The test, start, noon, will)

➡ _____

❸ 꽃들은 봄에 핀다. (in, Flowers, spring, bloom)

➡ _____

❹ 12월에는 춥다. (December, It, in, cold, is)

➡ _____

Day 02 전치사 2

혼공쌤
그림으로 기초 이해

[Today's 혼공]
오늘은 앞서 배운 전치사가 장소와 위치에 따라 어떻게 쓰이는지 배워 봐요.

Where are the chicks?
그 병아리들은 어디에 있니?

Oh, they are in the basket.
오, 그것들은 바구니 안에 있어.

1 장소 전치사

전치사 in, on, at의 사용을 알아봐요.

| in Korea | vs. | at the airport |

주로 경계가 있는 공간

시설이나 구체적인 장소

| in
국가, 도시 등 | He lives **in London**.
그는 런던에 산다. |
| at
학교, 공항, 버스 정류장 등 | I do my homework **at school**.
나는 학교에서 숙제를 한다. |

2 위치 전치사

장소 외에도 **위치에 따라 전치사**를 다르게 써요.

It is	across the street.

그것은 **길 건너편에** 있다.

He is	under the umbrella.

그는 **우산 아래에** 있다.

전치사

It is under the bed.
그것은 침대 아래에 있다.

어디에 있는지를 나타내는 **위치에 따라 전치사**를 어떻게 쓰는지 알아봐요.

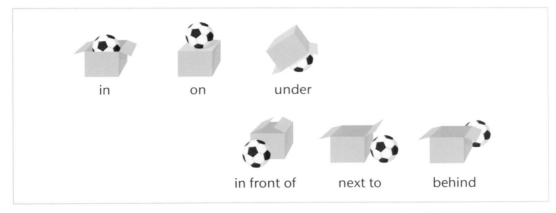

분류		예
in	(범위, 공간) ~ 안에	in my room 내 방에 in the box 상자 안에
on	(평면 위, 맞닿은 지점) ~ 위에	on the wall 벽 위에 on the street 거리에
under	~ 아래에	under the tree 나무 아래에
behind	~ 뒤에	behind the tree 나무 뒤에
next to	~ 옆에	next to the house 집 옆에
across	~ 건너편에	across the street 길 건너편에
in front of	~ 앞에	in front of the box 상자 앞에

☑ 빈칸에 들어갈 알맞은 말을 고르세요.

① _____ school   ☐ in   ☐ on   ☑ at

② _____ the library   ☐ in   ☐ on   ☐ at

③ _____ 31st street   ☐ in   ☐ on   ☐ at

④ _____ Paris   ☐ in   ☐ on   ☐ at

⑤ _____ the bus stop   ☐ in   ☐ on   ☐ at

☑ 우리말을 보고 알맞은 말을 고르세요.

① 탁자 위에
in / on the table

② 탁자 아래에
under / behind the table

③ 상자 안에
in / on the box

④ 상자 앞에
in front of / next to the box

⑤ 새장 안에
in / on the cage

⑥ 새장 뒤에
under / behind the cage

⑦ 빵집 건너편에
across / under the bakery

⑧ 빵집 옆에
in front of / next to the bakery

✏️ 주어진 단어를 이용하여 우리말에 맞게 문장을 완성하세요.

①

Seoul　He lives　*in Seoul*　.　그는 서울에 산다.

your house　He lives　　　　.　그는 네 집 옆에 산다.

②

the umbrella　She is　　　　.　그녀는 우산 아래에 있다.

the tree　She is　　　　.　그녀는 나무 옆에 있다.

③

the bus stop　They are　　　　.　그들은 버스 정류장에 있다.

the street　They are　　　　.　그들은 길거리에 있다.

④

the basket　The cats are　　　　.　그 고양이들은 바구니 안에 있다.

the desk　The cats are　　　　.　그 고양이들은 책상 위에 있다.

⑤

the wall　It moves　　　　.　그것은 벽 위에서 움직인다.

water　It moves　　　　.　그것은 물 속에서 움직인다.

Sentences 문장 고쳐 쓰기

다음 문장에서 틀린 부분을 어법에 맞게 고치거나 우리말에 맞게 바꾼 뒤 문장을 다시 쓰세요.

1 She lives on Canada. ➡ She lives in canada.

그녀는 캐나다에 산다.

2 Her house is in Oxford Street. ➡

그녀의 집은 옥스포드 가에 있다.

3 There is a black cat under the chair. ➡

검은 고양이가 의자 위에 있다.

4 Flies are flying behind the box. ➡

파리들이 상자 앞에서 날고 있다.

5 He was hiding under the tree. ➡

그는 나무 뒤에 숨어 있었다.

6 The sofa is in front of the window. ➡

소파는 창문 옆에 있다.

He's under the tree. 그는 나무 아래에 있다.

✏️ 알맞은 우리말을 연결하세요.

1 They are in the basket. •

2 He runs in the park. •

3 It moves in water. •

• **a** 그는 공원에서 달린다.

• **b** 그것은 물 속에서 움직인다.

• **c** 그것들은 바구니 안에 있다.

✏️ 다음 문장을 우리말로 쓰세요.

1 We live next to Jina's house. 의미 _____

2 She studies in the library. 의미 _____

✏️ 주어진 단어를 이용하여 우리말에 맞게 쓰세요.

1 램프는 탁자 위에 있다. (on, The lamp, the table, is)

➡️ The lamp is on the table.

2 그들은 나무 아래에서 자고 있다. (under, are, the tree, They, sleeping)

➡️ _____

3 그 아이들은 버스 정류장에 있다. (at, The children, the bus stop, are)

➡️ _____

4 교실에 10명의 학생들이 있다. (in, There, the classroom, are, ten students)

➡️ _____

혼공쌤
그림으로 기초 이해

[Today's 혼공]
오늘은 말을
연결하는 접속사를
어떻게 쓰는지
함께 배워 봐요.

Can I have some tea or coffee?
내가 차나 커피를 좀 마셔도 될까?

Of course.
물론이지.

1 접속사

단어, 구, 문장을 연결하는 단어를 **접속사**라 하고 **and(그리고), or(또는), but(그러나)**가 있어요.

접속사 공식	milk	and	butter
	단어		단어
	have lunch	or	drink juice
	구		구
	He's happy	but	she's sad
	문장 (절)		문장 (절)

* 단어와 단어, 절과 절처럼 접속사 앞뒤에는 같은 모양의 말을 써야 해요.

It is <u>cloudy</u> **and** (~~snow~~ / snowy). 흐리고 눈이 온다.
　　　　형용사 and 형용사

I'll go <u>fishing</u> **or** (~~to swim~~ / swimming). 나는 낚시나 수영하러 갈 것이다.
　　　　-ing or -ing

<u>He likes cats</u>, **but** she doesn't like cats. 그는 고양이를 좋아하지만, 그녀는 고양이를 좋아하지 않는다.
　　　　절, but 절

2 접속사 and, or, but

의미에 따라 접속사를 구별하여 **단어, 구, 문장을 연결**해요.

I read or drink	in the cafe.

나는 카페에서 **(책을)** 읽거나 **(차를)** 마신다.

It is	sad but beautiful.

그것은 슬프지만 아름답다.

구분법

It is small and cute.
그것은 작고 귀엽다.

접속사는 의미에 따라 다음과 같이 써야 해요.

접속사	의미	쓰임 / 예문
and	그리고	비슷한 내용들이나 연이어서 하는 일을 연결해요. She has a cat and a dog. 그녀는 고양이와 개가 있다. They went to the restaurant and had dinner. 그들은 식당에 가서 저녁을 먹었다.
but	그러나	상반되는 내용들을 연결해요. The chair was old but comfortable. 그 의자는 낡았지만 편안했다. The shirt was cheap, but she didn't buy it. 그 셔츠는 쌌지만 그녀는 그것을 사지 않았다.
or	또는 / ~ 아니면	둘 중 하나를 선택할 때 써요. Can I have some milk or juice? 우유나 주스를 좀 마셔도 되니? Do you go there or watch a movie at home? 너는 거기 가니 아니면 집에서 영화를 보니?

☑ 우리말을 보고 빈칸에 들어갈 알맞은 말을 고르세요.

1 pretty _____ old
예쁘지만 낡은
☐ and ☑ but ☐ or

2 read a book _____ watch TV
독서하고 TV를 보다
☐ and ☐ but ☐ or

3 English _____ Chinese
영어 또는 중국어
☐ and ☐ but ☐ or

4 It wasn't fun, _____ I liked it.
그것은 재미없었지만, 나는 그것을 좋아했다.
☐ and ☐ but ☐ or

5 Will you come here _____ will you call me?
네가 여기에 올 거니 아니면 내게 전화할 거니?
☐ and ☐ but ☐ or

🖉 우리말을 보고 알맞은 말을 연결하세요.

1 I like spring
나는 봄을 좋아하지만 그녀는 겨울을 좋아한다.
•   • and a dog.

2 She has a cat
그녀는 고양이와 개가 있다.
•   • but she likes winter.

3 This food smells good
이 음식은 냄새가 좋지만 맛은 나쁘다.
•   • or a soccer ball?

4 Is it a basketball
그것은 농구공이니 아니면 축구공이니?
•   • but tastes bad.

Practice B 대화 완성하기

✏️ 그림을 보고 우리말에 맞게 대화를 완성하세요.

1

A: What does she look like?

그녀는 어떻게 생겼니?

B: She is tall *and* has long hair.

그녀는 키가 크고
긴 머리야.

2

A: Is she a doctor　　　　a nurse?

그녀는 의사이니 아니면
간호사이니?

B: She is a doctor.

그녀는 의사야.

3

A: How was the movie?

그 영화는 어땠니?

B: It was sad　　　fun.

그것은 슬펐지만
재미있었어.

4

A: Is Kevin　　　　your sister with you?

케빈 아니면 네 여동생이
너와 함께하니?

B: My sister is with me.

내 여동생이 나와 함께해.

5

A: Did you pass the exam?

너는 시험에 합격했니?

B: Yes, I did　　　Kevin didn't.

나는 했지만 케빈은
못 했어.

주어진 말을 우리말에 맞게 바르게 배열해 쓰세요.

1 그녀는 똑똑하고 성실하다.
smart, She, is, and, diligent → She is smart and diligent.

2 그는 피자를 주문했지만 파스타는 아니었다.
not, pizza, pasta, He, but, ordered →

3 너는 일요일마다 책을 읽니 아니면 영화를 보니?
you, Do, watch a movie, or, on Sundays, read a book →

4 나는 아침밥을 먹고 학교에 갔다.
went, breakfast, I, and, to school, had →

5 우리는 일찍 도착했지만, 그녀는 이미 거기에 있었다.
We, but, arrived early, was, she, already there →

6 그 테디 베어와 토끼는 내 장난감들이다.
are, the rabbit, The teddy bear, my toys, and →

It's cloudy and snowy.

흐리고 눈이 온다.

✏️ 알맞은 우리말을 연결하세요.

1 I like spring and summer.   ●━━━━━●   **a** 나는 봄과 여름을 좋아한다.

2 It isn't fun, but I like it.   ●   ●   **b** 그녀는 의사이니 아니면 간호사이니?

3 Is she a doctor or a nurse? ●   ●   **c** 그것은 재미없지만, 나는 그것을 좋아한다.

✏️ 다음 문장을 우리말로 쓰세요.

1 We are young and smart.   [의미]

2 It smells good but tastes bad.   [의미]

✏️ 주어진 단어를 이용하여 우리말에 맞게 쓰세요.

1 내가 우유나 주스를 마셔도 될까? (juice, I, have, Can, or, some milk)

➡️   can I have some milk or juice?

2 그들은 그 식당에 가서 저녁밥을 먹었다. (went, They, and, had, to the restaurant, dinner)

➡️

3 그 시계는 싸지만 멋지다. (but, The watch, is, cheap, cool)

➡️

4 그녀가 낚시와 수영하러 갔다. (and, She, fishing, swimming, went)

➡️

1 접속사 so, because

문장과 문장을 연결할 때 **접속사 so**는 **결과**를 나타낼 때 쓰고 **because**는 **이유(원인)**를 말할 때 써요.

접 속 사 공 식	I cried a lot	because	the movie was sad.
	나는 많이 울었다 (결과)	왜냐하면	그 영화가 슬펐기 때문이다 (원인)
	I was tired	so	I went home early.
	나는 피곤했다 (원인)	그래서	나는 집에 일찍 갔다 (결과)

* because의 앞뒤 문장의 위치를 바꾸면 접속사 so를 써요.

He bought the shirt because it was cheap . 그는 그 셔츠를 샀는데 왜냐하면 그것은 쌌기 때문이다.

The shirt was cheap so he bought it . 그 셔츠가 싸서 그는 그것을 샀다.

* because는 문장 앞에 쓸 수도 있어요. 이때 절 뒤에 콤마(,)를 써요.

Because she was sick, she stayed home. 그녀가 아팠기 때문에, 그녀는 집에 머물렀다.
She was sick, so she stayed home. 그녀는 아파서, 그녀는 집에 머물렀다.

2 접속사 when, if

시간, 조건을 나타내는 문장을 연결하는 **접속사**를 배워 봐요.

| If **it gets warm,** | let's go camping. |

따뜻해지면, 캠핑을 가자.

| I'm happy | when **I go out.** |

나는 밖으로 나갈 때 행복하다.

접속사

He left when I went out.

내가 외출했을 때 그는 떠났다.

접속사 **when**은 '언제(~할 때)', **부사절 접속사 if**는 '만약에(~라면)'라는 조건에 대한 의미를 문장에 더해 주어요.

If you heat ice, it melts.
만약 얼음에 열을 가하면, 그것은 녹는다.

접속사	의미	쓰임
when	~할 때	언제 하는 일인지에 대한 정보를 when으로 나타내요. When I woke up, it was raining. 내가 일어났을 때, 비가 오고 있었다. When I feel tired, I go to bed early. 나는 피곤할 때, 일찍 잠자리에 든다.
if	만약 ~ 한다면	어떤 조건을 말할 때 if를 써요. If you come early, I'll be happy. 만약 네가 빨리 온다면, 나는 행복할 것이다. If you don't like it, I'll be sad. 만약 네가 그것을 좋아하지 않으면, 나는 슬플 것이다.

☑ 빈칸에 들어갈 알맞은 말을 고르세요.

1	I came late _____ it rained a lot.	☐ so	☑ because
2	It rained a lot, _____ I came late.	☐ so	☐ because
3	She was thirsty, _____ she drank some water.	☐ so	☐ because
4	She drank some water _____ she was thirsty.	☐ so	☐ because
5	He had a cold, _____ he stayed home.	☐ so	☐ because

✏️ 우리말을 보고 알맞은 말을 연결하세요.

1 **If you study hard,**
만약 네가 열심히 공부하면, 너는 그 시험에 합격할 것이다.

•   • it was 1 o'clock.

2 **When she had lunch,**
그녀가 점심을 먹었을 때, 1시였다.

•   • I'll visit him.

3 **If I get there,**
만약 내가 거기에 간다면, 나는 그를 방문할 것이다.

•   • you'll pass the exam.

4 **When he drinks coffee,**
그가 커피를 마실 때, 그것은 좋은 냄새가 난다.

•   • it smells good.

✎ 그림을 보고 우리말에 맞게 문장을 완성하세요.

1

The classroom was messy. We cleaned the classroom.

(because)

we cleaned the classroom because
the classroom was messy.

우리는 교실을 청소했는데 왜냐하면 교실이 지저분했기 때문이다.

(so)

.

교실이 지저분해서, 우리는 교실을 청소했다.

2

She baked some cookies. They smelled great.

(when)

.

그녀가 쿠키를 좀 구웠을 때, 그것들은 냄새가 훌륭했다.

3

You can stay home. You are tired.

(if)

.

만약 네가 피곤하면, 너는 집에 있어도 된다.

4

We went to bed. We heard a strange voice.

(when)

.

우리가 잠자리에 들었을 때, 우리는 이상한 목소리를 들었다.

Sentences 문장 고쳐 쓰기

✏️ 다음 문장에서 틀린 부분을 고쳐 우리말에 맞게 문장을 다시 쓰세요.

1 So you heat ice, it melts. → **If you heat ice, it melts.**

만약에 네가 얼음에 열을 가하면, 그것은 녹는다.

2 I had a cold because I saw a doctor. →

나는 감기에 걸려서, 병원에 갔다.

3 Sam eats salad so he likes vegetables. →

샘은 샐러드를 먹는데 왜냐하면 그는 야채를 좋아하기 때문이다.

4 It snowed a lot, when they made a snowman. →

눈이 많이 와서, 그들은 눈사람을 만들었다.

5 Because you study hard, you'll be better. →

만약 네가 열심히 공부하면, 너는 더 나아질 것이다.

6 If she was five, she went to school. →

그녀가 5살이었을 때, 그녀는 학교에 갔다.

I was sick, so I saw a doctor.
나는 아파서, 병원에 갔다.

🖊 알맞은 말을 연결하세요.

1 They cried a lot • • **a** so he isn't hungry now.

2 He had lunch, • • **b** because the movie was sad.

3 It was thirsty, • • **c** so it drank a lot of water.

🖊 다음 문장을 우리말로 쓰세요.

1 If you're tired, you can stay home. [의미] _____

2 When I woke up, it was raining. [의미] _____

🖊 주어진 단어를 이용하여 우리말에 맞게 쓰세요.

1 그녀가 아팠기 때문에, 그녀는 병원에 갔다. (was, she, sick, Because, a doctor, she, saw)

➡ _Because she was sick, she saw a doctor._

2 그가 집에 머물 때, 그녀는 행복하다. (When, home, is, he, happy, she, stays)

➡ _____

3 그 드레스는 비싸서, 그녀는 그것을 사지 않았다.

(she, The dress, so, was, expensive, didn't, it, buy)

➡ _____

4 만약 내가 거기에 가면, 나는 그를 방문할 것이다. (If, visit, I'll, get there, I, him)

➡ _____

01 빈칸에 알맞은 말을 써서 우리말에 맞게 문장을 완성하세요.

1 그녀는 정오에 점심을 먹는다. ➡ She has lunch _____ noon.

2 빵집은 박물관 옆에 있다. ➡ The bakery is _____ the museum.

3 학교는 3월에 시작된다. ➡ The school starts _____ March.

4 그는 7월 10일에 떠난다. ➡ He leaves _____ July 10.

5 상자에 공이 세 개 있다. ➡ There are three balls _____ the box.

02 <보기>에서 알맞은 단어를 찾아 우리말에 맞게 문장을 완성하세요.

보기

| and | but | or |

1 사과를 씻고 껍질을 벗겨라.

➡ Wash _____ peel the apples.

2 이 소파는 낡았지만 비싸다.

➡ This sofa is old _____ expensive.

3 너는 가수이니 아니면 배우이니?

➡ Are you a singer _____ an actor?

4 나는 그 영화를 좋아하지만, 그는 좋아하지 않는다.

➡ I love the movie, _____ he doesn't like it.

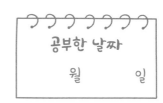
03 빈칸에 공통으로 들어갈 알맞은 말을 써서 문장을 완성한 뒤 우리말을 쓰세요.

1 Tom is free _____ Sunday.

There is a book _____ the chair.

➡ 톰은 _____ 한가하다.

➡ _____ 책이 있다.

2 Sora _____ Sarah are twins.

He ate dinner _____ drank coffee.

➡ _____는 쌍둥이다.

➡ 그는 저녁을 _____ 커피를 마셨다.

3 I like vegetables, _____ he doesn't like them.

The man was poor _____ happy.

➡ 나는 야채를 _____ 그는 그것들을 좋아하지 않는다.

➡ 그 남자는 _____ 행복했다.

4 I will buy a cap _____ the store.

She gets up _____ 7:20.

➡ 나는 _____ 모자를 살 것이다.

➡ 그녀는 _____ 일어난다.

5 The class was _____ March.

We live _____ Seoul.

➡ 수업은 _____ 있었다.

➡ 우리는 _____ 산다.

04 밑줄 친 부분을 어법에 맞게 고쳐 문장 전체를 다시 쓰세요.

1 You can drink juice and milk.   너는 주스나 우유를 마실 수 있다.

→ _____

2 He bought a car on September.   그는 9월에 차를 샀다.

→ _____

3 Look at the picture in the wall.   벽에 그림을 봐.

→ _____

4 The soup was delicious or a little salty.   수프는 맛있었지만 조금 짰다.

→ _____

05 주어진 말을 바르게 배열한 뒤 우리말을 쓰세요.

1 (Emma, are, I, and, good friends)

→ (문장) _____

→ (우리말) _____

2 (at, they, the bus stop, met)

→ (문장) _____

→ (우리말) _____

3 (run, they, in, in, the morning, the park)

→ (문장) _____

→ (우리말) _____

06 다음 대화에서 밑줄 친 부분을 바르게 고친 뒤 문장을 다시 쓰세요.

1

A When do you go to church?

B I go to church <u>in Saturday and Sunday</u>.

A Oh, really?

➡ _____

2

A What did you do yesterday?

B I did a lot of things.

I <u>did my homework or washed</u> my dog.

➡ _____

3

A Excuse me. Where is the bank?

B It is <u>next the bookstore</u>.

A Thank you.

➡ _____

4

A What do you usually do on weekends?

B I usually <u>go to the library but go hiking</u>.

➡ _____

[1~4] 다음 대화를 읽고 밑줄 친 부분을 바르게 고쳐 쓰세요.

1. **A** Can I go hiking <u>but</u> camping?

   B Yes, you can.

   _____ → _____

2. **A** Jeff is busy <u>in</u> Monday.

   B Really? I'll call him later.

   _____ → _____

3. **A** Where did you meet?

   B We met <u>on</u> the museum.

   _____ → _____

4. **A** The concert will be <u>at</u> October.

   B Then we can go to the concert.

   _____ → _____

[5~8] 다음 지문을 읽고 어법상 어색한 부분을 찾아 바르게 고친 뒤 문장을 다시 쓰세요.

> This is Mary's room. **5** <u>There is a computer in the desk.</u> **6** <u>There are two pictures at the wall.</u> **7** <u>Mary is playing with a brown dog or isn't playing with a white cat.</u> **8** <u>The brown dog is next the cat.</u>

5. There is a computer in the desk.

   → _____

6. There are two pictures at the wall.

   → _____

7. Mary is playing with a brown dog or isn't playing with a white cat.

→ _____

8. The brown dog is next the cat.

→ _____

[9~11] 주어진 말을 이용하여 우리말에 맞게 문장을 완성하세요.

9.
그 영화는 지루했지만 음악은 좋았다. (boring / good)

The movie was _____ the music was _____ .

10.
그는 시드니에서 2015년에 공부했다. (Sydney / 2015)

He studied _____ .

11.
너는 버스를 타고 출근하니 아니면 지하철로 가니? (by bus / by subway)

Do you go to work _____ ?

[12~13] 주어진 조건에 맞도록 <보기>의 단어를 이용하여 문장을 완성하세요.

【조건】	【보기】
· 시제에 주의할 것 ＊ one ~, the other ... . (하나는 ~, 다른 하나는 ...)을 참고할 것	take a nap live in Jeju watch TV

12. 나는 두 명의 친구가 있다. 한 명은 부산에 살고 다른 한 명은 제주에 산다.

→ I have two friends. One lives in Busan, and _____ .

13. 나는 두 가지 계획이 있다. 하나는 오후에 낮잠을 자는 것이고, 다른 하나는 8시에 TV를 보는 것이다.

→ I have two plans. One is to _____ the afternoon, and the other
is to _____ 8 p.m.

혼공 초등 영문법 트레이닝

Book 3
정답과 해설

쪽수를 잘 보고 정확한 정답과 해설을 확인해 보세요!

Week 1 기본 문장

Day 01 주어 + 동사

Practice A p.14

① runs ② study ③ leave
④ lives ⑤ sleep

① 일찍 일어난다 ② 늦게 일한다
③ 높이 뛴다 ④ 밤에 도착한다
⑤ 느리게 움직인다

Practice B p.15

① moves slowly
② take a walk in the park
③ arrived late
④ lives in Jeju
⑤ sleeps at night

Sentences p.16

① She swims in the pool.
② They walk to school.
③ He leaves for Seoul.
④ I go to school early.
⑤ We arrived late.
⑥ It rained all day long.

문장 쓰기 p.17

① (c)
② (a)
③ (b)

① 우리는 일요일마다 교회에 간다.
② 그녀는 열심히 공부한다.

① They always walk after dinner.
② I go to school at 8.
③ My dog comes to my room at night.
④ He arrives at the airport at 10.

Day 02 주어 + 동사 + 목적어

Practice A p.20

① leaves for / leaves
② finished / finished the work
③ play with / play
④ starts / starts at 10

① 개를 산책시킨다
② 문 쪽으로 이동한다
③ 영어를 공부한다
④ 도시를 떠난다
⑤ 일찍 시작된다

Practice B p.21

① play soccer
② studies math
③ moved the table
④ left the room
⑤ walks his dog

Sentences p.22

① Did you play tennis?
② When does he leave home?
③ She walked in the park.
④ Did they move to the door?
⑤ Mia finished the work last night.

【해석】

① A: 너는 테니스를 쳤니?
　 B: 맞아, 그랬어.
② A: 그는 언제 집을 나가니?
　 B: 그는 8시에 집을 나가.
③ A: 그녀는 어디에서 걸었니?
　 B: 그녀는 공원에서 걸었어.
④ A: 그것들은 문 쪽으로 움직였니?
　 B: 아니. 그것들은 창문 쪽으로 움직였어.
⑤ A: 미아는 지난 밤에 일을 끝냈어.
　 B: 와. 그녀는 천재야.

문장 쓰기 p.23

① (c)
② (b)
③ (a)

① 우리는 7시에 게임을 시작한다.
② 그는 어제 그의 일을 끝냈다.

① They walk their dogs.
② I play computer games every Sunday.

③ She played baseball after school.

④ He moved the chairs.

Day 03 주어 + 동사 + 보어

Practice A ···································· p.26

① looks ② smells ③ taste

④ feels ⑤ sounds

① good ② beautiful ③ strange

④ soft ⑤ silly

【해석】

① 파이는 좋은 맛이 난다.

② 그녀는 아름답게 보인다.

③ 그 꽃은 이상한 냄새가 난다.

④ 그것들은 부드럽게 느껴진다.

⑤ 그것은 바보처럼 들린다.

Practice B ···································· p.27

① look sweet / taste sweet

② smells fresh / tastes fresh

③ feels good / smells good

④ looks heavy / feels heavy

⑤ tastes sour / smells sour

Sentences ···································· p.28

① They feel safe.

② It sounds like a bird.

③ This sauce tastes strange.

④ You smell lovely.

⑤ They look comfortable.

⑥ The music sounds loud.

문장 쓰기 ···································· p.29

① (c)

② (b)

③ (a)

① 그 목소리는 따뜻하게 들린다.

② 그는 젊어 보인다.

① They look like heavy boxes.

② It sounds like a good idea.

③ The soap smells good.

④ He feels like a fool.

Day 04 주요 동사

Practice A ···································· p.32

① 먹다 ② (병에) 걸리다 ③ 하다

④ 타다 ⑤ 연주하다

【해석】

① 그는 6시에 저녁을 먹는다.

② 그는 감기에 걸렸다.

③ 그는 큰 실수를 했다.

④ 그는 아침마다 버스를 탄다.

⑤ 그는 바이올린을 연주한다.

① wants ② likes ③ want

④ looked at ⑤ turned off

Practice B ···································· p.33

① make / has

② have / make

③ likes / wants

④ looking for / looking at

⑤ put on / took off

Sentences ···································· p.34

① I want a new bag.

② He has breakfast at 8.

③ She is looking for her umbrella.

④ We'll take the 11:20 flight.

⑤ They want to play soccer after school.

⑥ She put on her coat.

문장 쓰기 ···································· p.35

① (b)

② (a)

③ (c)

① 그녀는 그녀의 신발을 신는다.

② 그는 불을 켰다.

① It was looking for water.

② He wanted to buy fruit.

③ You should take off your shoes.

④ She took my umbrella.

Day 05 단원 TEST ·················· pp.36~39

01

① want / want to eat

② likes to play / likes

③ looking at / looking for

④ turned off / turned on

02

① rises   ② starts   ③ sounds

03

① is / 똑똑하다, 축구공이다

② walks / 산책시킨다, 산책한다

③ had / 먹었다, 걸렸다

④ took / 탔다, 가져갔다

⑤ play / 한다, 연주한다

04

① He studies math for the test.

② Jake moved the table to the room.

③ The food tastes bad.

④ Tom looks tired and sad.

05

① b   ② c   ③ a   ④ d

【해석】

① 나는 새 책상을 살 것이다.

② 내 남동생은 종종 서점에 간다.

③ 톰과 수는 도시를 떠났다.

④ 기차는 12시 30분에 도착했다.

06

① my bags   ② X   ③ to watch TV

④ three meals   ⑤ X

【해석】

① 네가 나를 위해 내 가방을 옮겨 줄래?

② 앤은 천천히 걷는다.

③ 그녀는 주말마다 TV 보는 것을 좋아한다.

④ 내 개는 하루에 세 끼를 먹는다.

⑤ 아기는 침대 위에서 자고 있다.

07

① There are a lot of candies in the box.

② The students heard the news on TV.

③ They want to meet Jenny tomorrow.

중학 대비 TEST ·················· pp.40~41

1. smelled good / was happy

2. got up early / was late

3. left the room / leave at 6

4. I go to school early.

5. I don't have a heavy breakfast.

6. my dad cooks an English breakfast

7. They taste great.

8. looks

9. he likes to play with a ball

10. love my family / like going shopping

11. loves a box / likes eating food

【해석】

4~7.

나는 학교에 일찍 간다. 그래서 나는 아침을 많이 먹지 않는다. 나는 보통 우유와 시리얼을 먹는다. 주말마다 내 아빠는 영국식 아침 식사를 요리한다. 그것에는 달걀, 베이컨, 소세지, 그리고 토마토가 있다. 그것들은 훌륭한 맛이 난다.

8~9.

A: 너는 개가 있니?

B: 응, 있어. 그 이름은 마이크야. 그의 색은 갈색이지. 너는 그의 사진을 보고 싶니?

A: 그럼. 와, 그는 귀여워 보인다.

B: 그는 무척 똑똑해. 그는 낯선 사람들한테 짖어. 그리고 그는 공으로 노는 것을 좋아해.

Week 2 문장 구성 & 문장 확장

Day 01 문장 구성 – 주어, 목적어 형태

Practice A ·················· p.46

① he   ② she   ③ she

④ he   ⑤ we   ⑥ you

⑦ them   ⑧ them   ⑨ him

⑩ us

① My   ② his   ③ Our

④ Her   ⑤ their

【해석】

① 나의 이름은 준이다.

② 그것들은 그의 신발이다.

③ 우리의 친구들은 파리에 산다.

④ 그녀의 여동생은 그를 사랑한다.

⑤ 톰과 제인은 그들의 방에 있다.

Practice B ································· p.47

① our / We

② his / him

③ Their / They

④ She / her

⑤ my / me

Sentences ································· p.48

① He is on the same team.

② They gave their toys to her.

③ My friend went with him.

④ It is sweet.

⑤ We are very smart.

⑥ She is busy.

문장 쓰기 ································· p.49

① (c)

② (a)

③ (b)

① 우리 가족은 런던에 산다.

② 그녀는 그것들을 읽는다.

① They walk them after dinner.

② I do my homework at 8.

③ Her brother invited me.

④ His dog eats it.

Day 02 대명사 it, they

Practice A ································· p.52

① It is   ② They are

③ They are   ④ They are

⑤ It is

【해석】

① 나는 새가 있다. 그것은 작다.

② 새들은 작아 보인다. 그것들은 귀엽다.

③ 그녀는 상자들이 있다. 그것들은 무겁다.

④ 그는 장난감 차들을 원한다. 그것들은 비싸다.

⑤ 너는 독수리를 볼 수 있다. 그것은 크다.

① It is 10:15.

② It is snowy.

③ It is June 23.

④ It is Sunday.

【해석】

① 지금 몇 시이니? 10시 15분이다.

② 날씨가 어떠니? 눈이 온다.

③ 오늘은 며칠이니? 6월 23일이야.

④ 오늘은 무슨 요일이니? 일요일이다.

Practice B ································· p.53

① they   ② It is

③ they   ④ It is

⑤ they are

Sentences ································· p.54

① It is winter now.

② They are dangerous animals.

③ It is cold and windy today.

④ They are for children.

⑤ They are in the classroom.

⑥ It is 3:25 now.

문장 쓰기 ································· p.55

① (a)

② (c)

③ (b)

① 개들을 봐라. 그것들은 귀엽다.

② 공항까지 20킬로이다.

① I have a rabbit. It is small.

② Look at the students. They are young.

③ He has a cat. It is big.

④ It is Friday today.

Day 03 문장 확장

Practice A ································· p.58

① The young girl

② The number of boys in red

③ His cute dog

④ One problem with an old bike

【해석】
① 어린 여자애는 해변으로 갔다.
② 빨간 옷을 입은 소년들의 수는 다섯 명이다.
③ 그의 귀여운 개는 긴 털이 있다.
④ 낡은 자전거의 문제점은 소음이다.

① in the playground
② to the library
③ with her friend last night
④ here late yesterday

【해석】
① 나는 운동장에서 축구를 했다.
② 키가 큰 남자애는 도서관에 갔다.
③ 그녀는 어젯밤에 그녀의 친구와 놀았다.
④ 그들은 어제 여기에 늦게 도착했다.

① My best friend ——— went to the beach last week
   → My best friend went to the beach last week.
② The tall boys ——— are jumping high now
   → The tall boys are jumping high now.
③ They ——————— wake up early in the morning
   → They wake up early in the morning.
④ Many students ——— are running fast in the park
   → Many students are running fast in the park.
⑤ His dog ——————— moves very slowly
   → His dog moves very slowly.

① She plays soccer in the playground every day.
② The little cat has long hair.
③ My friend went to the beach yesterday.
④ The tall girl played with her friend last night.
⑤ He arrived late yesterday.
⑥ They leave early in the morning.

① (b)
② (c)
③ (a)

① 그는 공원에서 빠르게 달리고 있다.
② 그들은 매우 높이 뛰어오르고 있다.

① She got to the restaurant at 6.
② Many students are walking in the park now.

③ They go to school in the afternoon.
④ I left home with my parents.

Day 04 명령문 / 의문사 의문문

① Don't run   ② Wash
③ Don't touch   ④ Don't fight
⑤ Be

① Who   ② Where   ③ What
④ How   ⑤ When

① Who   ② What   ③ Where
④ When   ⑤ How

① Don't forget my birthday.
② What did you make for lunch?
③ Where does he go on Fridays?
④ Who lives with her?
⑤ Don't touch the works in the museum.
⑥ When did she go to bed?

① (b)
② (a)
③ (c)

① 네 방을 청소해라.
② 버스는 언제 떠나니?

① What did she do yesterday?
② When did he buy the glasses?
③ Don't forget to close the window.
④ Be quiet in the library.

Day 05 단원 TEST .... pp.68~71

01
① Don't run   ② Cross
③ Take   ④ Don't push

【해석】
① 박물관에서 뛰지 마라.

② 건널목에서 건너라.

③ 집에서는 신발을 벗어라.

④ 친구를 밀지 마라.

02

① Who ② What ③ How

03

① you → your

② Who → Where

③ Drinks → Drink

④ What → Who

⑤ them → it

⑥ She → They

【해석】

① A: 네 우산을 잊지 마라.

　B: 그것은 내 우산이 아니야.

② A: 너는 어제 어디에 갔니?

　B: 나는 공원에 갔어.

③ A: 난 감기에 걸렸어.

　B: 따뜻한 물을 마셔라.

④ A: 누가 내 책을 가져 갔지?

　B: 톰이 그것을 가져 갔어.

⑤ A: 어디에서 드레스를 샀니?

　B: 나는 쇼핑몰에서 그것을 샀어.

⑥ A: 마이크와 수는 지난 밤에 무엇을 했니?

　B: 그들은 그들의 숙제를 했어.

04

① Her shoes are new.

② Be kind to your friends.

③ Where does Sue work?

④ Clean your room.

05

① How, weather

② What, do

③ Who, bought

06

① His family moved to London.

　그의 가족은 런던으로 이사했다.

② Don't eat cookies in bed.

　침대에서 쿠키를 먹지 마라.

③ Who is coming to the party?

　누가 파티에 오니?

④ We bought some oranges at the store.

　우리는 가게에서 오렌지 몇 개를 샀다.

⑤ Eat a lot of fresh vegetables.

　신선한 채소를 많이 먹어라.

중학 대비 TEST .... pp.72~73

1. are, they

2. Wear

3. Who, is, cooking

4. Don't, run

5. They have to study for the test.

6. Don't study everything in one day.

7. Go to bed early before the test.

8. Don't be nervous.

9. Where

10. What

11. Who

12. Don't eat

13. Drink

14. Work out

15. Don't take / They

【해석】

1. A: 나는 두 명의 외국인 친구가 있다.

　B: 그들은 어디 출신이니?

2. A: 자전거를 탈 때는 헬멧을 써라.

　B: 네, 그렇게 할게요.

3. A: 누가 부엌에서 요리를 하고 있니?

　B: 내 아빠가 요리하고 있어.

4. A: 교실에서 뛰지 마라.

　B: 죄송합니다, 뛰지 않겠습니다.

5~8.

　지민과 수는 학생이다. 그들은 시험을 위해 공부를 해야 한다.

　여기 그들을 위한 조언 몇 가지가 있다.

　- 매일 공부하라. 하루 안에 모든 것을 다 공부하려 하지 마라.

　- 시험 전에는 일찍 자라.

　- 긴장하지 마라. 시험 전에 긴장을 풀어라.

Week 3 비교급 / 최상급 / 관사 / 수량 형용사

Day 01 비교급

① older
② younger
③ cuter
④ easier
⑤ better
⑥ taller
⑦ more important
⑧ happier
⑨ higher
⑩ worse

① earlier
② faster than
③ higher than
④ more expensive

① larger than / smaller than
② warmer than / colder than
③ less difficult than / easier than
④ younger than / older than
⑤ faster than / slower than

① She is smarter than Jake.
② She is more beautiful than a doll.
③ This box is heavier than that one.
④ I go to school earlier than Emma.
⑤ We arrived later than them.
⑥ Their history is shorter than Korean history.

① (b)
② (a)
③ (c)

① 우리는 딘보다 더 어리다.
② 그녀는 나보다 더 열심히 공부한다.

① Spain is hotter than London.
② Math is more difficult than English.
③ The watch is more expensive than the dress.
④ She is cuter than a doll.

Day 02 최상급

① oldest
② youngest
③ cutest
④ easiest
⑤ best
⑥ tallest
⑦ most important
⑧ happiest
⑨ highest
⑩ worst

① earliest
② fastest
③ most expensive
④ tallest

① faster than / the fastest
② more expensive than / the most expensive
③ higher than / the highest
④ more delicious than / the most delicious
⑤ larger than / the largest

① Winter is the coldest season.
② He is the most popular in school.
③ She is the best athlete on the soccer team.
④ The dog is the largest of the three.
⑤ Today is the happiest day of my life.
⑥ It is the tallest building in this town.

① (b)
② (c)
③ (a)

① 한라산은 한국에서 가장 높다.
② 러시아는 세상에서 가장 크다.

① They are the strongest in the class.
② It is the most expensive in this store.
③ Summer is the hottest season.
④ He is the youngest of the three.

Day 03 관사

① an
② a
③ X
④ a
⑤ X

① 나는 달걀 하나가 필요하다.

② 그는 좋은 선생님이다.

③ 고양이들은 우유를 좋아한다.

④ 그들은 아들 한 명이 있다.

⑤ 그는 7시에 아침밥을 먹는다.

① the ② the ③ X

④ X ⑤ The

【해석】

① 그것은 지구 주위를 돈다.

② 그것은 하늘에서 난다.

③ 그들은 축구를 한다.

④ 그녀는 수학을 공부한다.

⑤ 나는 책을 샀다. 그 책은 매우 재미있었다.

Practice B ·· p.91

① the / the ② the / a

③ a / The ④ the

⑤ an / a

Sentences ·· p.92

① Baseball is a fun sport.

② The sun is larger than the moon.

③ He plays the violin every day.

④ She is cooking dinner.

⑤ Math is my favorite subject.

⑥ The cat has black spots.

문장 쓰기 ·· p.93

① (c)

② (a)

③ (b)

① 그것들은 하늘에서 난다.

② 달은 지구 주위를 돈다.

① They go to the park three times a week.

② The Earth is a planet.

③ He is free after dinner.

④ She is a soccer player.

Day 04 수량 형용사

Practice A ·· p.96

① a few ② little ③ a little

④ a lot of ⑤ lots of

① apples ② milk ③ time

④ photos ⑤ days

Practice B ·· p.97

① A few people / few people

② a little water / little water

③ a lot of(many) friends / few friends

④ few books / a lot of(many) books

⑤ little rain / a little rain

Sentences ·· p.98

① A few people want that toy.

② I need little sugar for tea.

③ There aren't many(a lot of) chairs in the room.

④ Do you have much(a lot of) money?

⑤ He doesn't have much time.

⑥ She has little trouble.

문장 쓰기 ·· p.99

① (c)

② (a)

③ (b)

① 우리는 여름에 많은 비가 온다.

② 그녀는 많은 책을 읽었다.

① There will be little rain this week.

② I put little sugar

③ She has few friends here.

④ There aren't many people in the park.

Day 05 단원 TEST ·············· pp.100~103

01

① China, bigger, France

② Today, hotter, yesterday

③ Her hair, longer, his hair

④ Tom, taller, Mike

【해석】

① 중국은 프랑스보다 더 크다.

② 오늘은 어제보다 더 덥다.

③ 그녀의 머리카락은 그의 머리카락보다 더 길다.

④ 톰은 마이크보다 더 키가 크다.

02

① is the tallest

② is the youngest

③ is the most expensive

03

① Math is more difficult than English.

② He is the strongest of all.

③ The movie is funnier than this one.

④ You run faster than me.

⑤ The city is the largest in Japan.

04

① than → of

② old → older

③ The tennis → Tennis

④ most great → greatest

【해석】

① A: 가장 추운 계절이 무엇이니?

　B: 겨울이 모든 계절 중 가장 춥지.

② A: 수는 11살이다. 톰은 10살이다.

　B: 맞아, 그녀가 그보다 더 나이가 많지.

③ A: 요즘 테니스가 매우 인기 있어.

　B: 오, 확실하니?

④ A: 너는 지나를 아니?

　B: 응, 그녀는 세계에서 가장 훌륭한 선수이지.

05

① more important

② The hat

③ many(a lot of)

06

① I have breakfast every day.

② This bag is less heavier than that one.

③ It didn't drink much water.

④ Whales are the biggest animals in the world.

07

① Mt. Everest is the highest in the world.

　에베레스트산은 세계에서 가장 높다.

② An elephant is heavier than a hippo.

　코끼리는 하마보다 더 무겁다.

③ I have a few books on my shelf.

　나는 내 책장에 몇 권의 책이 있다.

중학 대비 TEST .... pp.104~105

1. The car

2. the hottest / the hottest

3. taller

4. most famous

5. a snail moves (much) more slowly

6. A turtle isn't the slowest in the world.

7. it swims faster in water

8. a snail is faster than what people think

9. cheaper than

10. more expensive than

11. the most expensive of

12. It is(weighs) 8

13. It is(weighs) 3

【해석】

1. A: 그는 차가 있니?

　B: 응. 그는 스포츠카가 있어. 그 차는 정말 멋져.

2. A: 일년 중 가장 더운 계절은 무엇이니?

　B: 여름이 가장 더워.

3. A: 너는 네 언니를 닮았구나.

　B: 그래. 하지만 그녀는 나보다 키가 더 커.

4. A: 봐. 이게 모나리자야.

　B: 알아. 그것은 세계에서 가장 유명한 그림들 중 하나이지.

5~8.

　거북이는 느리게 움직이지만 달팽이가 훨씬 더 느리게 움직인다. 거북이는 세상에서 가장 느리지 않다. 그리고 그것은 물속에서 더 빨리 수영한다. 하지만 새로운 연구는 달팽이가 사람들이 생각했던 것보다 더 빠르다는 것을 보여준다.

12. 상자 A의 무게는 얼마인가?

　→ 그것은 8kg이다.

13. 상자 B의 무게는 얼마인가?

　→ 그것은 3kg이다.

Week 4 전치사 & 접속사

Day 01 전치사 1

Practice A p.110

① in　　② at　　③ in　　④ in　　⑤ on

① at　　② on　　③ on　　④ in

【해석】

① 너는 보통 몇 시에 일어나니?

　나는 8시에 일어나.

② 쇼는 언제 시작하니?

　　그것은 월요일에 시작해.

③ 너는 언제 올 거니?

　　나는 3월 2일에 올 거야.

④ 언제 나뭇잎들은 빨갛게 변하니?

　　그것들은 가을에 빨갛게 변해.

Practice B p.111

① at noon / on May 4

② in the morning / at 2 p.m.

③ on Sunday / in spring

④ in 2020 / on Christmas

⑤ at 5 o'clock / in October

Sentences p.112

① She went hiking on Sunday.

② My birthday is on New Year's Day.

③ He doesn't work at night.

④ I go to school at 7:30.

⑤ What time do you get up in the morning?

⑥ Amy will travel to Cuba on January 7.

문장 쓰기 p.113

① (b)

② (a)

③ (c)

① 나뭇잎은 가을에 갈색으로 변한다.

② 그녀는 밤에 공부한다.

① We came here on Christmas.

② The test will start at noon.

③ Flowers bloom in spring.

④ It is cold in December.

Day 02 전치사 2

Practice A p.116

① at　　　② in　　　③ on

④ in　　　⑤ at

① on　　　② under　　　③ in

④ in front of　　⑤ in　　　⑥ behind

⑦ across　　⑧ next to

Practice B p.117

① in Seoul / next to your house

② under the umbrella / next to the tree

③ at the bus stop / on the street

④ in the basket / on the desk

⑤ on the wall / in water

Sentences p.118

① She lives in Canada.

② Her house is on Oxford Street.

③ There is a black cat on the chair.

④ Flies are flying in front of the box.

⑤ He was hiding behind the tree.

⑥ The sofa is next to the window.

문장 쓰기 p.119

① (c)

② (a)

③ (b)

① 우리는 지나의 집 옆에 산다.

② 그녀는 도서관에서 공부한다.

① The lamp is on the table.

② They are sleeping under the tree.

③ The children are at the bus stop.

④ There are ten students in the classroom.

Day 03 접속사 1

Practice A p.122

① but　　② and　　③ or　　④ but　　⑤ or

① I like spring ——————— but she likes winter.

② She has a cat ——————— and a dog.

③ This food smells good —— but tastes bad.

④ Is it a basketball ——————— or a soccer ball?

Practice B p.123

① and　　② or　　③ but　　④ or　　⑤ but

Sentences p.124

① She is smart and diligent.

② He ordered pizza but not pasta.

③ Do you read a book or watch a movie on Sundays?

④ I had breakfast and went to school.

⑤ We arrived early, but she was already there.

⑥ The teddy bear and the rabbit are my toys.

문장 쓰기 p.125

① (a)

② (c)

③ (b)

① 우리는 어리고 똑똑하다.

② 그것은 냄새가 좋지만 맛은 나쁘다.

① Can I have some milk or juice?

② They went to the restaurant and had dinner.

③ The watch is cheap but cool.

④ She went fishing and swimming.

Day 04 접속사 2

Practice A p.128

① because   ② so   ③ so

④ because   ⑤ so

【해석】

① 나는 비가 많이 왔기 때문에 늦게 왔다.

② 비가 많이 왔다, 그래서 나는 늦게 왔다.

③ 그녀는 목말랐다, 그래서 그녀는 물을 마셨다.

④ 그녀는 목말랐기 때문에 물을 마셨다.

⑤ 그는 감기에 걸렸다, 그래서 집에 머물렀다.

① If you study hard, ———— you'll pass the exam.

② When she had lunch, ———— it was 1 o'clock.

③ If I get there, ———— I'll visit him.

④ When he drinks coffee, —— it smells good.

Practice B p.129

① We cleaned the classroom because the classroom was messy.

The classroom was messy, so we cleaned the classroom.

② When she baked some cookies, they smelled great.

③ If you are tired, you can stay home.

④ When we went to bed, we heard a strange voice.

Sentences p.130

① If you heat ice, it melts.

② I had a cold, so I saw a doctor.

③ Sam eats salad because he likes vegetables.

④ It snowed a lot, so they made a snowman.

⑤ If you study hard, you'll be better.

⑥ When she was five, she went to school.

문장 쓰기 p.131

① (b)

② (a)

③ (c)

① 만약 네가 피곤하다면 너는 집에 머물러도 된다.

② 내가 깼을 때, 비가 오고 있었다.

① Because she was sick, she saw a doctor.

② When he stays home, she is happy.

③ The dress was expensive, so she didn't buy it.

④ If I get there, I'll visit him.

Day 05 단원 TEST .... pp.132~135

01

① at   ② next to   ③ in

④ on   ⑤ in

02

① and   ② but   ③ or   ④ but

03

① on / 일요일에 / 의자 위에

② and / 소라와 사라 / 먹고

③ but / 좋아하지만, / 가난하지만

④ at / 가게에서 / 7시 20분에

⑤ in / 3월에 / 서울에

04

① You can drink juice or milk.

② He bought a car in September.

③ Look at the picture on the wall.

④ The soup was delicious but a little salty.

05

① Emma and I are good friends.

엠마와 나는 좋은 친구이다.

② They met at the bus stop.

그들은 버스 정류장에서 만났다.

③ They run in the park in the morning.

그들은 아침에 공원에서 달린다.

① I go to church on Saturday and Sunday.

② I did my homework and washed my dog.

③ It is next to the bookstore.

④ I usually go to the library or go hiking.

【해석】

① A: 너는 언제 교회에 가니?

　 B: 나는 토요일과 일요일에 교회에 가.

　 A: 오, 그래?

② A: 너는 어제 무엇을 했니?

　 B: 난 많은 일을 했어. 나는 숙제도 하고 개를 씻기기도 했어.

③ A: 실례합니다. 은행이 어디에 있죠?

　 B: 서점 옆에 있어요.

　 A: 감사합니다.

④ A: 너는 주말마다 보통 무엇을 하니?

　 B: 나는 보통 도서관에 가거나 하이킹하러 가.

중학 대비 TEST .... pp.136~137

1. but → or

2. in → on

3. on → in

4. at → in(at)

5. There is a computer on the desk.

6. There are two pictures on the wall.

7. Mary is playing with a brown dog but isn't playing with a white cat.

8. The brown dog is next to the cat.

9. boring, but / good

10. in Sydney in 2015

11. by bus or by subway

12. the other lives in Jeju

13. take a nap in / watch TV at

【해석】

1. A: 내가 하이킹이나 아니면 캠핑을 가도 되니?

　 B: 응, 그래도 돼.

2. A: 제프는 월요일에 바빠.

　 B: 정말? 내가 나중에 그에게 전화할게.

3. A: 너희들은 어디서 만났니?

　 B: 우리는 박물관에서 만났어.

4. A: 콘서트가 10월에 있을 거야.

　 B: 그럼 우리는 콘서트에 갈 수 있어.

5-8.

　 이곳은 메리의 방이다. 책상 위에는 컴퓨터가 있다. 벽에는 두 개의 그림들이 있다. 메리는 갈색 개와 놀고 있지만 하얀색 고양이와는 놀고 있지 않다. 그 갈색 개는 고양이 옆에 있다.